あなたの予想と馬券を変える

革命競馬

リンク馬券術

サインの真相!

伊藤雨氷

リンク理論とは何か——初めて読まれる方のために

第1章 ウン、これなら秋競馬でも狙える 1着サインの真相！

第2章 2023年秋華賞～24年フェブラリーS ＧＩ【連対馬】的中予言

第3章 2023年サウジアラビアRC～阪神C GⅡ・GⅢ【連対馬】的中予言

第4章 2024年中山金杯～阪神大賞典 GⅡ・GⅢ【連対馬】的中予言

装丁●橋元浩明（sowhat.Inc.） 本文DTP●オフィスモコナ
馬柱●優馬 編集協力●キューブリック
※名称、所属は一部を除いて2023年8月末日時点のものです。
※成績、配当、日程は必ず主催者発行のものと照合してください。

馬券は必ず自己責任において購入お願いいたします。

リンク理論とは何か——初めて読まれる方のために

リンク理論とは、レース名や距離や施行日など、なんらかの共通項を持ったレースの1、2着馬の馬番が、数年～10年以上に渡って例外なく連動している現象を解き明かした理論だ。『リンク馬券術』は、そのリンク理論を使った馬券作戦を紹介するものである。

何やら難しい話のように思うかもしれないが、本書で紹介する必勝法は、基本となる使用方法さえ理解すれば、誰にでも簡単に使える作戦だ。しかも数カ月～1年後に行なわれるレースの1、2着馬を予告できてしまうスグレモノである。

初心者でも使えるやさしい作戦だが、的中する配当は上級者も唸らせる！　この理論から浮上した馬番を軸にして流せば、読者の的中率は大幅にアップするし、現在ご愛用の作戦から見つけ出した馬を、リンク理論で浮上した馬たちに絡ませてみても、資金回収率は確実に上がる。

今まで出馬表を見た瞬間に切って捨てていた超人気薄も、自信を持って買える。リンク馬券術は、超万馬券も数点で狙い撃ちできるほどの破壊力を持っている。なぜならば、その馬の実力に関係ない次元で、馬番がリンクするからだ。

勘違いをされると困るので念のためにいっておくが、リンク馬券術は万馬券だけを狙う作戦ではない。9990円以下の中穴馬券も着実に的中実績を重ねている。つまり、この必勝法は高配当狙いのものではなく、解析した結果が穴馬を指すのか、人気馬を指すのかというだけなのである。

また本書では触れていないが、メインレースとして行なわれる重賞やオープン特別戦だけではなく、9Rや10Rに組まれる2勝クラス特別や3勝クラス特別にも十分対応できるので、ある程度慣れてきたら、ぜひこちらのほうにもチャレンジしていただきたい。

【逆番】で、より簡単に、よりよく当たるように

【逆番】について最初に本を書いたのは、平成7年（1995年）の秋のこと。発表した当初は、仲間であるはずのサイン読みウラ読み派からも「わけのわからん作戦」「屁理屈」と中傷され続けた苦い思い出がある。

これには心臓に毛が生えている（頭の毛は薄い）私でもさすがに堪えたが、数少ない理解者である編集者との出会いにより雑誌連載が叶い、誌上予告や会員向け予想の中で解説、連対馬番予告的中を重ねていくうちに、だんだんと理論の整合性、本命でも超高配当でも的確に馬番予告していくさま、その破壊力について理解されるようになった。

こうした苦労の末に世に出た【逆番】も、今ではプロ、アマを問わず、多くの方々から《便利なツール》として支持されるようになり、書いた本人としては大変うれしく思っている。

ただ、一方では20代の新たな競馬ファンには、リンク理論どころか、サイン読みという馬券術が世の中にあることすら知らない方が増えているのも事実。長い年月を重ねているので仕方のないところだろうが、サイン馬券を衰退させないために、後継者となり得る彼らにもこの馬券術を広めていかねばならない。

そのためには小難しい理屈をこねるよりも、簡単でよく当たり、誰がやっても同じ答えが出せるように、もうひと皮剥く必要がある。これからの課題は、「より簡単にすること」、これに尽きると思う。私の本を読むのはこれが初めてという方は、次項からの基本用語の解説をどうぞ。

リンク理論の基本用語、約束事をマスターしよう！

ではここで、リンク理論を解説していくうえでの約束事をまとめておこう。【逆番】をはじめとする用語の説明もしてある。作戦の使い方で迷ったときは、ここを開いていただきたい。

正　番…【正番】とは、1号馬からプラス方向（左へ）順に数えた数字を指す。いわゆる馬番のこと。
逆　番…【逆番】とは、大外馬からマイナス方向（右へ）順に数えた数字を指す。【正番】の反対数字。
正循環…正循環とは、【正番】の2周目以降の数字を指す。1号馬から数え大外に行き当たったら、再度1号馬へ戻ってプラス方向へ数え続けること。
逆循環…逆循環とは、【逆番】の2周目以降の数字を指す。正循環の反対数字。大外馬から数え1号馬に行き当たったら、再度大外馬に戻ってマイナス方向へ数えること。

下の2023年の宝塚記念を例に取ると、1着の⑤イクイノックスは【正5番】【正22番】【逆13番】【逆30番】に該当し、2着⑥スルーセブンシーズは【正6番】【正23番】【逆12番】【逆29番】に該当することになる。

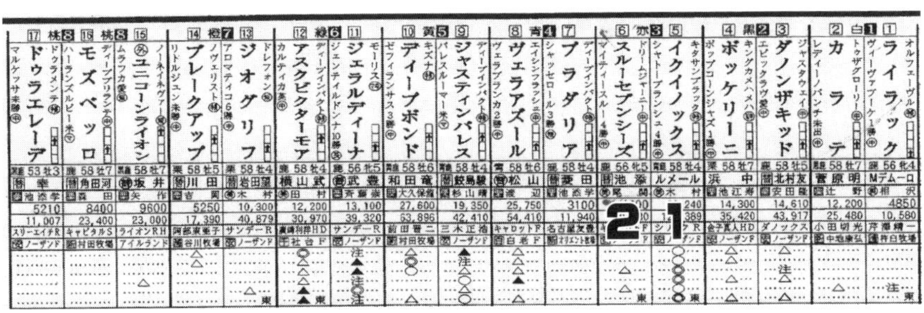

	17	16	15	14	13	12	11	10	9	8	7	6	5	4	3	2	1	←[正　番]
	34	33	32	31	30	29	28	27	26	25	24	23	22	21	20	19	18	←[正循環]
[逆　番]→	1	2	3	4	5	6	7	8	9	10	11	12	13	14	15	16	17	
[逆循環]→	18	19	20	21	22	23	24	25	26	27	28	29	30	31	32	33	34	

その他、私の元に寄せられる質問に対し、まとめて答えておこう。

Q：取り消し馬は削って数えるのか？

A：リンク理論では、出馬表に載った馬は、取り消し、発走除外などになっても、一切削らずに数えることとしている。

Q：取り消し馬の着順は？

A：取り消し、除外馬はビリとして扱うこと。もし同一レースで複数の取り消しが発生したときは、最も取り消し時刻の早いものをビリ馬とし、2番目をブービーとする。

Q：降着馬の着順は？

A：降着馬は入線順位ではなく、確定した着順を使う。

Q：落馬の着順は？

A：落馬もビリ扱いで構わない。もし同一レースで複数の落馬が発生したときは、五十音順位の後位の馬をビリとする。

Q：取り消し、除外、落馬が同じレースで起きたらどうすればよいか？

A：例えば9頭立てのレースで、以下のようなケースがあったとする。ちなみにレース結果は1着⑦番、2着②番、3着⑨番だった。

⑤番馬が前日に取り消し

⑥番馬が当日の朝に取り消し

③番馬が直前に発走除外

⑦番馬が外枠発走

①番馬と⑧番馬が相次いで落馬（⑧番馬よりも①番馬が五十音上位馬）

④番馬が斜行、1位入線後に4着降着

メチャメチャなレースだが、この場合、⑦番馬は外枠発走以外に何も問題がないからそのまま1着。②番と⑨番も掲示板通りでいい。

1着⑦番　2着②番　3着⑨番

そして4着以下が問題となる。

4着④番　5着①番　6着⑧番　7着③番

8着⑥番（ブービー）　9着⑤番（ビリ）

以上のように扱っていただきたい。

第1章

ウン、これなら秋競馬でも狙える

1着サインの真相！

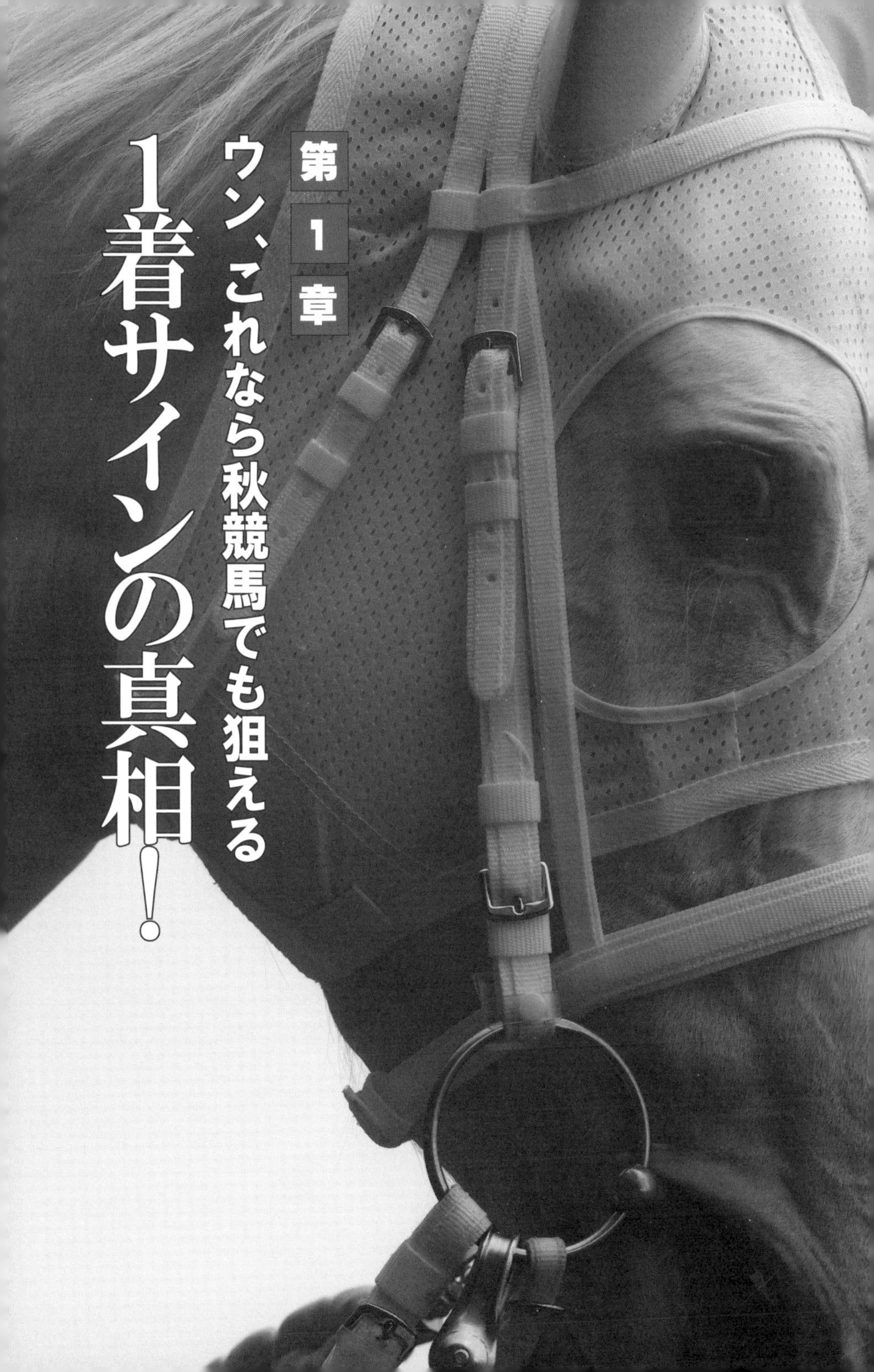

素直にいけば3点で獲れた宝塚記念、無念……！

初見の予想が大正解の宝塚記念。しかし､余計なこと考えすぎて（不当鳥）トホホギス。

2023年も6月下旬に京都と東京で「宝塚記念検討会」を開催した。今回はネットでの参加者も募集したため、都合127名の方にご参加いただいた。皆さん、大変暑い中をご足労いただき、まことにありがとうございます。

さて、11時ピッタリに講演開始。

シーンと静まる会場。大勢の読者と裏読みファンを前に私の第一声は、今回も**「ファン投票1位の馬の枠と、牝馬を狙え」**だった。

ほとんどの方が黙ってはいるが「やはり、そうか」という顔をしている。

さすがはサイン馬券師たちの集会。皆さん、ポイントをよくわかっているようだ。

宝塚記念のファン投票1位の馬の成績は、実はあまり芳(かんば)しくない。

過去2年はクロノジェネシスとタイトルホルダーが勝っているものの、2015年のゴールドシップ15着、16年キタサンブラック3着、17年キタサンブラック9着、18年サトノダイヤモンド6着となかなかの惨状。

ところが、**「ファン投票1位の馬の枠」**はいつも馬券になっている。もし1位の馬自身が不振でも、同枠馬が代わりに激走する。

下記は紙数の関係で14年からしか書いていないが、このパターンが04年のリンカーンから、不出走以外の年は例外なく馬券になっている。これも14連チャン中。有馬記念の「ルメール騎手か、その隣馬が馬券に絡む」と、よく似ているパターンだ。

14年　ゴールドシップ　　の同枠1着（自身）
15年　ゴールドシップ　　の同枠1着（ラブリーデイ）
16年　キタサンブラック　の同枠3着（自身）

17年　キタサンブラック　の同枠1着（サトノクラウン）
18年　サトノダイヤモンドの同枠1着（ミッキーロケット）
21年　クロノジェネシス　の同枠1着（自身）
22年　タイトルホルダー　の同枠1着（自身）

23年も継続なら、1位の3枠⑤イクイノックスか、同枠の⑥スルーセブンシーズのどちらかは馬券になるはず。もちろん、これだけではなく⑤イクイノックスには強い指名がこれでもかと重なっていて、1番人気でも絶対的な軸だとお伝えした。

そして、相手。この本のシリーズでも繰り返し書いているが、**「記念GIは、まず牝馬」**。

こちらもすべての事例は書けないが、

有馬記念　⑦クロノジェネシス　3着
高松宮記念　⑨ロータスランド　2着
安田記念　⑬ソングライン　1着
宝塚記念　⑦デアリングタクト　3着
有馬記念　⑤ジェラルディーナ　3着
高松宮記念　⑮ナムラクレア　2着
安田記念　⑱ソングライン　1着

――この1年余りを見ても、こんな感じ。18年の安田記念から現在まで19連チャンで継続中。

⑤イクイノックスが絶対的軸馬ということは、相手は3頭しかいない牝馬でいい。

①ライラック　13番人気
⑥スルーセブンシーズ　10番人気

⑪ジェラルディーナ　　　3番人気

馬連・ワイドなら、⑤−①、⑥、⑪の３点。オッズ配分すれば十分回収できるし、この３点から３連複、３連単も狙っていける。一応、この馬連・ワイドの３点は買ったと伝えるが断定はしないでおいた。

その理由は５枠の２頭にも強めの指名があり、こちらが台頭してくるかもしれないと考えたから。

しかし、ここまでの話をするのに、開始からわずか３分しかかかっていない。「はなはだ簡単ですが、これが結論です」といっておけば、よかったのだが……。

ところが、50分の予定の講演を３分で終わらせては申し訳ないと思い、ここから余計なことをいい始める。しかも、まったくのミスリード。

過去にファン投票１位の枠が来るときは、大体はその枠から１頭しか来ていない。

だから、３枠でイクイノックスが来るなら相手は他の枠。特に鮫島駿の⑨ジャスティンパレスと、武豊の⑪ジェラルディーナがよく見えると伝えてしまった。

結果は、ご存知の通り。⑤イクイノックスは、後方追走からの大外一気で前をまとめて交わしてあっさり１着。

内からスルスルと⑥スルーセブンシーズが伸びて２着。３着にはやはり⑨ジャスティンパレスが入った。

23年もやっぱり、ファン投票１位の枠と牝馬で決まったのだが、狙ったジェラルディーナは４着で、来たのはスルーセブンシーズ。

素直に「⑤イクイノックスから牝馬３点」で推しておくべきだったと反省しきり。

阪神のＧＩで、正逆57番と正逆244番の馬が走り続けているのを思い出したが、もう後の祭りだった。

レース後に「今回もイクイノックスと牝馬で獲れました」とお礼のメールも何通かいただくも、私にしてみれば外れも同然の悔しい結果。

悔しいというか……自分に納得ができずに、反省とお詫びを兼ねて、翌週は希望者に情報を無料提供とした。

●2023年６月25日・阪神11Ｒ宝塚記念（ＧⅠ、芝2200m）

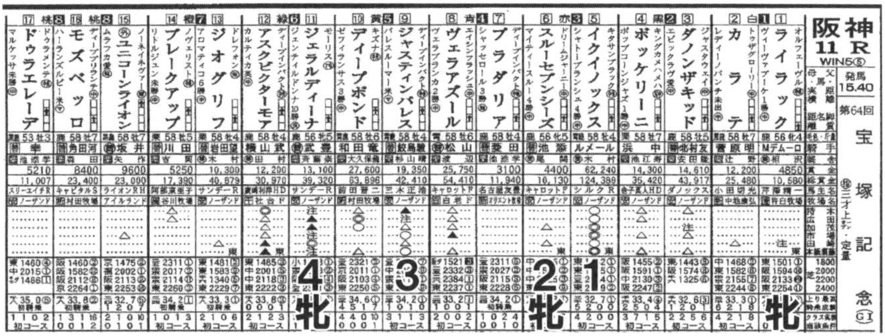

馬番	馬名	父	母	斤量・性齢	騎手	厩舎	賞金	総賞金	馬主名	牧場名
1	ライラック	オルフェーヴル	ヴィーヴァブーケ 1勝	56 牝4	Mデムーロ	相沢	4850	10,580	芹澤精一	[illegible]
2	カラテ	トゥザグローリー	レディーノパンチ 未出	58 牡7	菅原明	辻野	12,200	25,480	小田切光	中地康弘
3	ダノンザキッド	ジャスタウェイ	エピックラヴ	58 牡5	北村友	安田隆	14,610	43,917	ダノックス	ノーザンF
4	ボッケリーニ	キングカメハメハ	ポップコーンジャズ 1勝	58 牡7	浜中	池江寿	14,300	35,420	金子真人HD	ノーザンF
5	イクイノックス	キタサンブラック	シャトーブランシュ 4勝	58 牡4	ルメール	木村	62,240	124,389	シルクR	ノーザンF
6	スルーセブンシーズ	ドリームジャーニー	マイティースルー 4勝	56 牝5	池添	尾関	4400	10,130	キャロットF	ノーザンF
7	ブラダリア	ディープインパクト	シャッセロール 3勝	58 牡4	菱田	池添学	3100	11,940	名古屋友豊	オリエント牧場
8	ヴェラアズール	エイシンフラッシュ	ヴェラブランカ 2勝	58 牡6	松山	渡辺	25,750	54,410	キャロットF	白老F
9	ジャスティンパレス	ディープインパクト	パレスルーマー 米	58 牡4	鮫島駿	杉山晴	19,350	42,410	三木正浩	ノーザンF
10	ディープボンド	キズナ	ゼフィランサス 3勝	58 牡6	和田竜	大久保龍	27,600	63,896	前田晋二	村田牧場
11	ジェラルディーナ	モーリス	ジェンティルドンナ 10勝	56 牝5	武豊	斉藤崇	13,100	39,320	サンデーR	ノーザンF
12	アスクビクターモア	ディープインパクト	カルティカ	58 牡4	横山武	田村	12,200	30,970	廣崎利洋HD	社台F
13	ジオグリフ	ドレフォン	アロマティコ 6勝	58 牡4	岩田望	木村	10,300	40,879	サンデーR	ノーザンF
14	ブレークアップ	ノヴェリスト	リトルジュン 未勝	58 牡5	川田	吉岡	5250	17,390	阿部東亜子	谷川牧場
15	ユニコーンライオン	ノーネイネヴァー	ムラフカ	58 牡7	坂井	矢作	9600	23,000	ライオンRH	アイルランド
16	モズベッロ	ディープブリランテ	ハーランズルビー 米	58 牡7	角田河	森	8400	23,400	キャピタルS	村田牧場
17	ドゥラエレーデ	ドゥラメンテ	マルケッサ 未勝	53 牡3	幸	池添学	5210	11,007	スリーエイチR	ノーザンF

1着⑤イクイノックス　（1番人気）　馬連⑤－⑥ 2340 円（ワイド 970 円）
2着⑥スルーセブンシーズ（10 番人気）　3連複⑤⑥⑨ 4030 円
3着⑨ジャスティンパレス　（2番人気）　3連単⑤→⑥→⑨ 13630 円

307万7600円のWIN5と重賞1着のサイン

23 年７月２日。この日は、宝塚記念を外したお詫びを兼ねて、情報を希望者に無料提供とした。

結果を先にいうと、今度はＣＢＣ賞とラジオＮＩＫＫＥＩ賞の２重賞ともが獲れて万々歳！　宝塚記念の悔しさを雪（すす）ぐことができた。

Ｐ 15 の画像はレース終了後に「伊藤さんのおかげで獲れました！」と、会員のＭさんから的中報告をいただいたもの。本書のカバーにも掲載していて、１日分の払戻金額は「313 万 8400 円」だが、これはＷＩＮ５の的中 307 万 7600 円を含んでいる。

とはいっても、私がお手伝いできたのは４レース目のＣＢＣ賞と５レース目のラジオＮＩＫＫＥＩ賞の２重賞だけ。その前の３戦はＭさんの実力によるものだ。

彼は 23 年だけで、それまでに３回ＷＩＮ５を的中している猛者で、これが４発目。本当に凄い。

そのＣＢＣ賞と、ラジオＮＩＫＫＥＩ賞（ラジニケ）の１着を教えたパターンはこちら。「〜賞」のタイトル重賞はすべて、正逆331番か358番が２着以内で来ている。

22年の皐月賞のジオグリフから、19連チャンで連対しているのだ。

22年	皐月賞	逆311番１着
	青葉賞	正311番１着
	天皇賞・春	正358番１着
	ＣＢＣ賞	正311番１着
	ラジニケ	正358番２着
	七夕賞	正358番２着
	秋華賞	正311番１着
	菊花賞	逆311番１着
	天皇賞・秋	逆358番２着
23年	きさらぎ賞	逆311番１着
	チューリップ	逆311番２着
	金鯱賞	正358番２着
	日経賞	逆311番１着
	桜花賞	逆358番１着
	皐月賞	逆311番２着
	青葉賞	正311番１着
	天皇賞・春	正358番１着
	ＣＢＣ賞	正358番１着
	ラジニケ	正358番１着

しかも、19回中13回、約７割が１着。これなら積極的に単勝、馬単、３

当日照会	前日照会
受付番号数	8個
累計購入金額	22,500円
1日分購入金額	17,200円
累計払戻金額	3,145,940円
1日分払戻金額	3,138,400円
購入限度額	3,138,400円
購入可能件数	8,953件

Mさんから届いた画像。本文でも触れているように、太枠部分は1日分払戻金額なので、WIN5の的中 307 万 7600 円を含む 313 万 8400 円となっている。

● 2023 年7月2日・WIN5の結果

①中京 10 R日進特別：⑤マルカアトラス（3番人気）

↓

②福島 10 Rいわき特別：⑫プリンスミノル（2番人気）

↓

③函館 11 R巴賞：②アラタ（2番人気）

↓

④中京 11 RCBC賞：⑩ジャスパークローネ（7番人気）

↓

⑤福島 11 RラジオNIKKEＩ賞⑥エルトンバローズ（3番人気）

＝ 307 万 7600 円

●2023年７月２日・中京11Ｒ　ＣＢＣ賞（ＧⅢ、芝1200m）

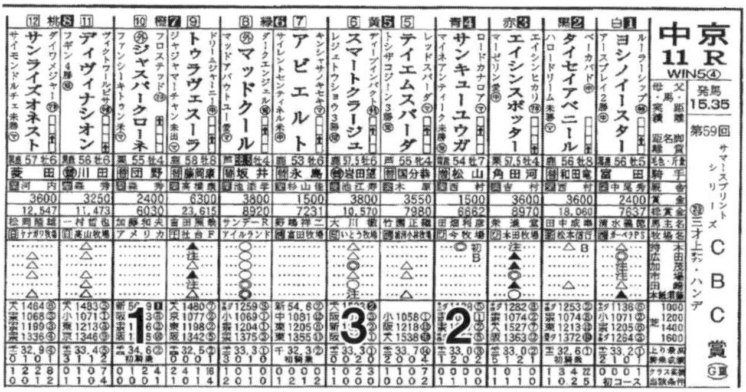

馬番	馬名	斤量	騎手	厩舎	賞金	総賞金	馬主名
12	サンライズオネスト	57牡6	菱田	河内	3600	12,547	松岡隆雄
11	ディヴィナシオン	56牡6	川田	森秀	3250	11,473	一村哲也
10	ジャスパークローネ	55牡4	団野	森秀	2400	6030	加藤和夫
9	トゥラヴェスーラ	58牡8	藤岡康	高橋康	6300	23,615	吉田照哉
8	マッドクール	[illegible]牡4	坂井	池添学	3800	8920	サンデーR
7	アビエルト	53牡6	永島	杉山佳	1500	7231	野嶋祥二
6	スマートクラージュ	57.5牡6	岩田望	池江寿	3800	10,570	大川徹
5	テイエムスパーダ	55牝4	国分恭	木原	3550	7980	竹園正繼
4	サンキューユウガ	54牡7	松山	西村	1500	6662	田畑利彦
3	エイシンスポッター	57.5牡4	角田河	吉村	3600	8970	栄進堂
2	タイセイアベニール	56牡8	和田竜	西村	3600	18,060	田中成奉
1	ヨシノイースター	56牡5	富田	中尾秀	2400	7637	清水義徳

1着⑩ジャスパークローネ（7番人気）正 358 番　　単勝⑩ 2820 円

2着④サンキューユウガ　（8番人気）　　馬連④－⑩ 23130 円　馬単⑩→④ 53390 円

3着⑥スマートクラージュ　（4番人気）　　3連複④⑥⑩ 56550 円　3連単⑩→④→⑥ 499640 円

●2023年７月２日・福島11ＲラジオＮＩＫＫＥＩ賞（ＧⅢ、芝1800m）

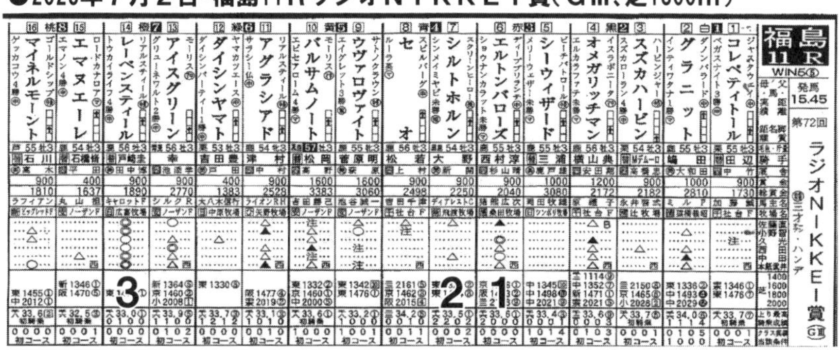

馬番	馬名	斤量	騎手	厩舎	賞金	総賞金	馬主名
16	マイネルモーント	55牡3	石川	高木	900	1810	ラフィアン
15	エマヌエーレ	54牡3	石橋脩	平田	400	1637	丸山担
14	レーベンスティール	56牡3	戸崎圭	田中博	900	1890	キャロットF
13	アイスグリーン	56牡3	幸	池添学	900	2770	シルクR
12	ダイシンヤマト	53牡3	吉田豊	戸田	400	1383	大八木信行
11	アグラシアド	54牡3	津村	中村	900	2528	ライオンRH
10	バルサムノート	57牡3	松岡	高野	1600	3383	吉田勝己
9	ウヴァロヴァイト	55牡3	菅原明	萩原	1600	3060	池谷誠一
8	セオ	56牡3	松若	上村	900	2498	曽田千津
7	シルトホルン	54牡3	大野	新開	900	2250	ディアレストC
6	エルトンバローズ	55牡3	西村淳	杉山晴	900	2040	猪熊広次
5	シーウィザード	55牡3	三浦	鹿戸雄	1000	3080	岡田牧雄
4	オメガリッチマン	56牡3	横山典	安田翔	1200	2172	原禮子
3	スズカハービン	54牡3	Mデムーロ	高橋忠	900	2182	永井啓弍
2	グラニット	55牡3	嶋田	大和田	1000	2810	ミルF
1	コレペティトール	55牡3	田辺	中竹	900	1730	加藤誠

1着⑥エルトンバローズ　（3番人気）正 358 番　　単勝⑥ 830 円

2着⑦シルトホルン　　（4番人気）　　馬連⑥－⑦ 6460 円　馬単⑥→⑦ 13170 円

3着⑭レーベンスティール（1番人気）　　3連複⑥⑦⑭ 4690 円　3連単⑥→⑦→⑭ 50060 円

連単も狙っていけるだろう。

ＣＢＣ賞は７番人気の⑩番。12頭立ての正358番のジャスパークローネが、スタートダッシュを決めて、最後まで逃げ切って１着。

相手も８番人気のサンキューユウガが２着。４番人気の⑥スマートクラージュが３着した。３連単は49万9640円の穴決着。

私は馬連こそ逃がしたが、単勝2820円とワイド3010円を的中できた。高松宮記念の⑬ファストフォースの単勝3230円（12番人気）といい、なぜか23年は団野騎手との相性もよい。

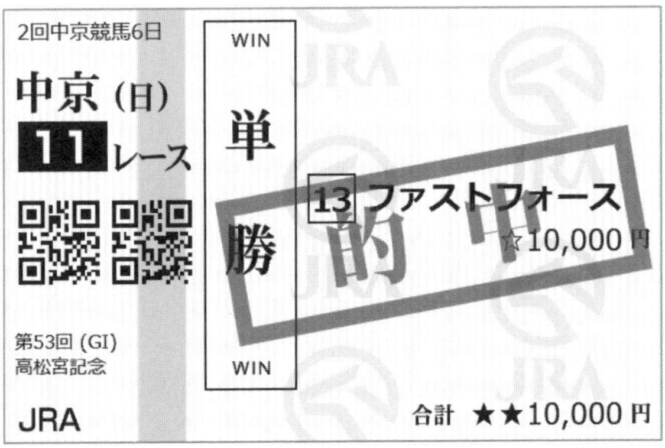

2023年3月26日・高松宮記念。単勝⑬ファストフォース32.3倍×1万円的中＝払戻32万3000円。鞍上の団野騎手はこれがＧＩ初制覇だった。

10分後にスタートの、ラジオＮＩＫＫＥＩ賞は16頭立ての３番人気、こちらも正358番にあたる⑥エルトンバローズに狙いを定める。

２連勝中の馬で鞍上が最近重用されている西村淳騎手。重賞初挑戦だが、この馬券には妙に自信があった。

スタートすると、４番人気の⑦シルトホルンが先行。⑥エルトンバローズは３番手に取りつき好意をキープ。順位の入れ替わりはなく、そのまま直線へ入る。

ゴール200ｍ手前で⑥エルトンバローズが先頭に立ち、そのままゴール。またもや１着になってくれた。

２着には先行した⑦シルトホルン、最後に追い込んだ１番人気の⑭レーベンスティールが３着に入った。
　こちらは、単勝830円と馬連6460円、馬単１万3170円、３連複4690円を無事的中。
　無料企画に参加した皆さんにも喜んでいただけて、ウレシイ的中報告がかなり届いた。そのメールの中にＭさんの馬券も含まれていたわけだ。
　大勢の皆さんから「ありがとう」を連呼されたけれど、こちらこそ当てていただきありがとうございます。

　次の「～賞」重賞の七夕賞はなぜか不発に終わったが、１回飛ばしで、その次に復活するのもよくあること。
　秋華賞、菊花賞、天皇賞・秋では、ぜひとも稼働してもらいたい。
　もし、18頭フルゲートであれば、正逆３番と５番にはご注意を。

必見！継続中のＧⅠパターン

　さて、ここからはいつものように今もＧＩで稼働しているパターンをいくつか書いていこう。
　また、サイン通信では毎週の最新データをネットで提供しているので、興味のある方は巻末ページの案内をご覧ください。

●ＧＩは「堀厩舎」の枠が3着以内

＜22年＞

安田記念	サリオス	自身３着
宝塚記念	ヒシイグアス	自身２着
天皇賞・秋	ダノンベルーガ	自身３着
ジャパンＣ	ダノンベルーガ	同枠シャフリヤール２着
ホープフルＳ	ジェイパームス	同枠キングズレイン３着

＜23年＞

大阪杯	ヒシイグアス	ダノンザキッド3着
皐月賞	タスティエーラ	自身2着
ダービー	タスティエーラ	自身1着
安田記念	カフェファラオ	ソングライン1着

●3歳GⅠは「手塚厩舎」の馬自身か、その隣馬が連対中

＜22年＞

皐月賞	アサマノイタズラ	隣馬タイトルホルダー2着
NHKMC	シュネルマイスター	自身1着
オークス	ユーバーレーベン	自身1着
秋華賞	ユーバーレーベン	隣馬アカイトリノムスメ1着
菊花賞	アサマノイタズラ	隣馬タイトルホルダー1着

＜23年＞

皐月賞	ソールオリエンス	自身1着
ダービー	ソールオリエンス	自身2着

23年の皐月賞とダービーは、手塚厩舎のソールオリエンスと堀厩舎のタスティエーラでどちらも馬連決着。菊花賞もこの2頭、もしくは同枠馬かもしれない。

●GⅠは「ウイン」冠名の隣馬が3着以内

＜22年＞

エリ女王杯	ウインマイティー	隣馬ジェラルディーナ	1着
マイルCS	ウインカーネリアン	隣馬ダノンザキッド	2着
有馬記念	ウインマイティー	隣馬イクイノックス	1着

＜23年＞

高松宮記念	ウインマーベル	隣馬トゥラヴェスーラ	3着
皐月賞	ウインオーディン	隣馬ファントムシーフ	3着
安田記念	ウインカーネリアン	隣馬ソングライン	1着

●GⅠは頭文字「シャ、シュ、ショ」馬自身か、その隣馬が3着以内

＜23年＞

天皇賞・春	ジャスティンパレス	自身1着
NHKMC	シャンパンカラー	自身1着
ダービー	ショウナンバシッド	隣馬ソールオリエンス2着
安田記念	シュネルマイスター	自身3着
宝塚記念	ジャスティンパレス	自身3着

濁音「ジャ、ジュ、ジョ」も含む。

●GⅠは馬名に「ティ」を持つ馬自身か、その隣馬が3着以内

＜23年＞

大阪杯	キラーアビリティ	隣馬スターズオンアース2着
桜花賞	リバティアイランド	自身1着
皐月賞	タスティエーラ	自身2着
天皇賞・春	ジャスティンパレス	自身1着
Vマイル	ルージュスティリア	隣馬ソダシ2着
オークス	リバティアイランド	自身1着
ダービー	タスティエーラ	自身1着
宝塚記念	ジャスティンパレス	自身3着

●グランプリは正逆25番か26番が3着以内

18年有馬記念	逆25番	ブラストワンピース	1着
19年宝塚記念	逆25番	リスグラシュー	1着
19年有馬記念	正26番	サートゥルナーリア	2着
20年宝塚記念	逆25番	モズベッロ	3着
20年有馬記念	正25番	クロノジェネシス	1着
21年宝塚記念	逆26番	ユニコーンライオン	2着
21年有馬記念	正26番	エフフォーリア	1着

22年宝塚記念	正25番	デアリングタクト	3着
22年有馬記念	正25番	イクイノックス	1着
23年宝塚記念	正26番	ジャスティンパレス	3着

18年の有馬記念から継続中。

●芝の古馬GⅠは川田将雅騎手の73隣馬が3着以内

＜22年＞

マイルCS	－73隣馬セリフォス	1着
ジャパンC	＋73隣馬シャフリヤール	2着
有馬記念	＋73隣馬イクイノックス	1着

＜23年＞

大阪杯	－73隣馬ダノンザキッド	3着
天皇賞・春	＋73隣馬ジャスティンパレス	1着
Vマイル	－73隣馬ソングライン	1着
安田記念	－73隣馬セリフォス	2着
宝塚記念	－73馬ジャスティンパレス	3着

18頭立てだと、川田将雅騎手の隣馬が走る理由はコレだった……。

●GⅠはC・ルメール騎手自身か、ルメール騎手が圏外なら逆番馬が3着以内

＜22年＞

有馬記念	自身イクイノックス	1着
ホープフル	自身キングズレイン	3着

＜23年＞

フェブラリ	逆番レモンポップ	1着
大阪杯	自身スターズオンアース	2着
桜花賞	逆番ペリファーニア	3着
皐月賞	自身ファントムシーフ	3着
天皇賞・春	自身ジャスティンパレス	1着

Ｖマイル　　自身スターズオンアース　３着
ダービー　　落馬と急逝
安田記念　　自身シュネルマイスター　３着
宝塚記念　　自身イクイノックス　　　１着

ダービーは、逆２番のドゥラエレーデが落馬して中止。ルメール騎手の②スキルヴィングも急性心不全で走れなくなったため、なんともいえないが、その後の安田記念と宝塚記念では継続している。

後述するが、ダービーの場合、ルメール騎手の逆番のドゥラエレーデが３着までに入る予定だったのかも……。

少し乱暴にいうと、Ｇ１にルメさんが出てきたら、本人か逆番の２頭から選べということ。

ルメール騎手か逆番の話で、スキルヴィングよりもドゥラエレーデだったのではという理由は……22年の天皇賞・春以降、海外の重賞で１着か２着した馬が、後の数走以内に国内のＧⅠでも馬券になっているから。

＜22年＞
天皇賞・春　ディープボンド２着（４走前・フォワ賞１着）
Ｖマイル　　レシステンシア３着（２走前・香港スプリント２着）
安田記念　　ソングライン　１着（２走前・ターフスプリント１着）
宝塚記念　　ヒシイグアス　２着（２走前・香港カップ２着）
ジャパンＣ　シャフリヤール２着（３走前・ドバイシーマＣ１着）
＜23年＞
大阪杯　　　ダノンザキッド　　３着（２走前・香港カップ２着）
天皇賞・春　シルヴァーソニック３着（前走・レッドシーターフＨ１着）
ダービー　　ドゥラエレーデ　　落馬（前走・ＵＡＥダービー２着）
宝塚記念　　イクイノックス　　１着（前走・ドバイシーマＣ１着）

このようになっていて、唯一来なかったのが、ダービーのドゥラエレーデ。ダービーでは８番人気であったが、この馬がやはり３着だったのかもしれない。晴れ舞台で落馬した馬に、もうチャンスはないのかもしれないが、もうしばらくは押さえてみたい。

●GⅠは1枠①番馬の前走着順が馬番にリンク→自身か、その隣馬が3着以内

＜23年＞

皐月賞	①番の前走1着	→	①番ソールオリエンス1着
天皇賞・春	①番の前走1着	→	①番ジャスティンパレス1着
ＮＨＫＭＣ	①番の前走9着	→	⑩番オオバンブルマイ3着
Ｖマイル	①番の前走6着	→	⑥番ソングライン1着
オークス	①番の前走11着	→	⑫番ハーパー2着
ダービー	①番の前走10着	→	⑪番ハーツコンチェルト3着
安田記念	①番の前走4着	→	④番セリフォス2着
宝塚記念	①番の前走9着	→	⑨番ジャスティンパレス3着

今回はたまたま1枠①番の着順が使われているが、⑤番や⑦番の前走着順やゲートが使われるなど、基準の馬はその年によって変化する。

この他に下記のパターンも継続中。

●「3歳以上」ＧⅠに、3歳馬が出走してきたら、その5隣馬が3着以内

●古馬のＧⅠは、正逆1番か6番が3着以内

※高松宮記念以降、連対中。

●3歳戦も含むＧⅠは、正逆75番か77番が3着以内

●阪神ＧⅠは、正逆57番と正逆244番が3着以内

※23年宝塚記念2着のスルーセブンシーズは正57番、正244番にダブルで該当していた。

●開催8日目施行のＧⅠは、正逆6番か12番が3着以内

※ここでも宝塚記念2着のスルーセブンシーズは正6番、逆12番にダブル該当。

第2章 2023年秋華賞～24年フェブラリーS

GI【連対馬】的中予言

GI 秋華賞

当たり馬番は連動する!

2023年10月15日　京都芝2000m（3歳牝馬）

正逆　2番3番

中山金杯		秋華賞		
2019年【正11番】1着	→	2019年【逆11番】	カレンブーケドール	2着
2020年【正7番】 1着	→	2020年【逆7番】	マジックキャッスル	2着
2021年【正3番】 2着	→	2021年【逆3番】	ファインルージュ	2着
2022年【正8番】 1着	→	2022年【正8番】	ナミュール	2着
2023年【正3番】 1着 【正2番】 2着	➡	2023年【正逆2番、3番】		

馬番	枠	馬名	父	母	毛色・斤量・性齢	騎手	厩舎			馬主	生産
1	白1	ウインエクレール	ディープインパクト	サマーエタニティ 3勝	鹿 55 牝3	松岡	畠山吉	1600	3340	ウイン	コスモヴューF
2	白1	ライラック	オルフェーヴル	ヴィーヴァブーケ 1勝	鹿 55 牝3	Mデムーロ	相沢	2250	5330	芹澤精一	竹白牧場
3	黒2	タガノフィナーレ	エピファネイア	タガノミューチャン 4勝	黒鹿 55 牝3	鮫島駿	中村	1500	3360	八木良司	新冠タガノF
4	黒2	ラブパイロー	パイロ	グッドファッション 未出	青鹿 55 牝3	酒井	大和田	1510	3022	増田陽一	トラストスリーF
5	赤3	ストーリア	リオンディーズ	フェリス 未勝	鹿 55 牝3	松山	杉山晴	1500	3650	ロードHC	宮内牧場
6	赤3	メモリーレゾン	オルフェーヴル	メモリーパフィア 3勝	鹿 55 牝3	古川吉	長谷川	1500	3690	シンザンC	下河辺牧場
7	青4	スタニングローズ	キングカメハメハ	ローザブランカ 3勝	鹿 55 牝3	坂井	高野	7400	16,340	サンデーR	ノーザンF
8	青4	ナミュール	ハービンジャー	サンブルエミューズ 3勝	鹿 55 牝3	横山武	高野	3500	11,390	キャロットF	ノーザンF
9	黄5	スターズオンアース	ドゥラメンテ	サザンスターズ 英	黒鹿 55 牝3	ルメール	高柳瑞	15,400	31,040	社台RH	社台F
10	黄5	アートハウス	スクリーンヒーロー	パールコード 2勝	栗 55 牝3	川田	中内田	4200	7900	シェイク・ファハド	三嶋牧場
11	緑6	エグランタイン	キズナ	ラトナプラ 未勝	黒鹿 55 牝3	池添	笹田	900	3020	ノースヒルズ	ノースヒルズ
12	緑6	ウォーターナビレラ	シルバーステート	シャイニングサヤカ 公	黒鹿 55 牝3	武豊	武幸	5100	11,930	山岡正人	伏木田牧場
13	橙7	エリカヴィータ	キングカメハメハ	マルシアーノ 3勝	青 55 牝3	福永	国枝	3000	5900	三木正浩	ノーザンF
14	橙7	ブライトオンベイス	キタサンブラック	コーディーライン 米	鹿 55 牝3	秋山真	清水久	1500	2910	ヒダカBU	岡田牧場
15	桃8	サウンドビバーチェ	ドゥラメンテ	スクービドゥー 独	黒鹿 55 牝3	岩田望	高柳大	1650	4220	増田雄一	三嶋牧場
16	桃8	プレサージュリフト	ハービンジャー	シュプリームギフト 5勝	黒鹿 55 牝3	戸崎圭	木村	2250	5800	サンデーR	ノーザンF

2022年
秋華賞

1着⑦スタニングローズ（3番人気）　馬連 990円

2着⑧ナミュール（2番人気）　3連複 1090円

3着⑨スターズオンアース（1番人気）　3連単 6900円

注目サイン！

ATTENTION

オークス連対馬が３着以内
18 年以降は連対中の軸候補

17 年	モズカッチャン	3着（2着）
18 年	アーモンドアイ	1着（1着）
19 年	カレンブーケドール	2着（2着）
20 年	デアリングタクト	1着（1着）
21 年	アカイトリノムスメ	1着（2着）
22 年	スタニングローズ	1着（2着）
	スターズオンアース	3着（1着）

※（　）がオークスでの着順。

ATTENTION

Ｃ・ルメール騎手自身か、その隣馬が３着以内
20 年は９番人気ソフトフルートが３着激走！

16 年	パーシーズベスト	隣馬パールコード2着
17 年	ディアドラ	自身1着
18 年	アーモンドアイ	自身1着
19 年	コントラチェック	隣馬シゲルピンクダイヤ3着
20 年	サンクテュエール	隣馬ソフトフルート3着
21 年	ファインルージュ	自身2着
22 年	スターズオンアース	隣馬 2 着ナミュール　自身3着

ATTENTION

正逆８番が３着以内
22 年は正逆２頭とも馬券になる

18 年	逆8番アーモンドアイ	1着
19 年	正8番カレンブーケドール	2着
20 年	正8番ソフトフルート	3着
21 年	逆8番アンドヴァラナウト	3着
22 年	正8番ナミュール	2着
	逆8番スターズオンアース	3着

ATTENTION

松山弘平騎手の隣枠が連対中
20 年は 10 番人気マジックキャッスルが２着！

19 年	隣枠カレンブーケドール	2着
20 年	隣枠マジックキャッスル	2着
21 年	隣枠アカイトリノムスメ	1着
22 年	隣枠スタンニングローズ	1着

注目サイン！

ローズS２着馬の３隣枠が３着以内
20 年はデアリングタクトが牝馬三冠達成！

14 年	タガノエトワール	－3枠ショウナンパンドラ	1着
15 年	ミッキークイーン	－3枠クイーンズリング	2着
16 年	クロコスミア	－3枠パールコード	2着
17 年	カワキタエンカ	＋3枠ディアドラ	1着
18 年	サラキア	＋3枠アーモンドアイ	1着
19 年	ビーチサンバ	＋3枠シゲルピンクダイヤ	3着
20 年	ムジカ	＋3枠デアリングタクト	1着
21 年	エイシンヒテン	＋3枠アカイトリノムスメ	1着

※ 22 年は該当馬の出走ナシ。

武豊騎手の－２隣枠が３着以内
22 年は３番人気スタニングローズが優勝

17 年	－2枠モズカッチャン	3着
18 年	－2枠ミッキーチャーム	2着
19 年	－2枠クロノジェネシス	1着
21 年	－2枠ファインルージュ	2着
22 年	－2枠スタニングローズ	1着

※ 20 年は同騎手の騎乗ナシ。

当日２番人気馬の 48 隣馬が３着以内
今のところ－ 48 隣馬のみ、ただし１着ナシの傾向

17 年	－ 48 馬モズカッチャン	3着
18 年	－ 48 馬ミッキーチャーム	2着
19 年	－ 48 馬シゲルピンクダイヤ	3着
20 年	－ 48 馬ソフトフルート	3着
21 年	－ 48 馬ファインルージュ	2着
22 年	－ 48 馬ナミュール	2着

GI 菊花賞

当たり馬番は連動する！

2023年10月22日　京都芝3000m（3歳）

正逆　3番 10番

CBC賞		菊花賞
2019年【逆5番】　1着	→	2019年【正5番】ワールドプレミア　1着
2020年【正3番】　1着	→	2020年【正3番】コントレイル　1着
2021年【正3番】　1着	→	2021年【正3番】タイトルホルダー　1着
2022年【正5番】　1着	→	2022年【逆5番】アスクビクターモア　1着
2023年【正10番】1着 【逆3番】　1着	➡	2023年【正逆3番、10番】

1	白1	ガイアフォース	キタサンブラック	ナターレ公	57 牡3	松山	杉山晴	3600 / 7680	KRジャパン	追分F
2	白1	シェルビーズアイ	ハービンジャー	ボントマイコ 未勝	57 牡3	松田	武英	900 / 2990	桑田牧場	桑田牧場
3	黒2	プラダリア	ディープインパクト	シャッセロール 3勝	57 牡3	池添	池添学	3100 / 8370	名古屋友豊	オリエント牧場
4	黒2	ボルドグフーシュ	スクリーンヒーロー	ボルドグザグ 仏	57 牡3	吉田隼	宮本	1500 / 6040	社台RH	社台F
5	赤3	ヤマニンゼスト	シンボリクリスエス	ヤマニンパステト 2勝	57 牡3	武豊	千田	2000 / 3620	土井肇	錦岡牧場
6	赤3	ビーアストニッシド	アメリカンペイトリオット	マオリオ 未出	57 牡3	岩田康	飯田雄	3700 / 8990	村中徹	ヴェルサイユF
7	青4	アスクワイルドモア	キズナ	ラセレシオン 3勝	57 牡3	岩田望	藤原英	3700 / 8190	廣崎利洋HD	社台F
8	青4	マイネルトルファン	オルフェーヴル	マイネテレジア 1勝	57 牡3	丹内	高木	900 / 2080	ラフィアン	ビッグレッドF
9	黄5	シホノスペランツァ	ブラックタイド	メジロスプレンダー 2勝	57 牡3	浜中	寺島	900 / 2600	村瀬寛紀	レイクヴィラF
10	黄5	セイウンハーデス	シルバーステート	ハイノリッジ 未勝	57 牡3	幸	橋口慎	1600 / 4621	西山茂行	鮫川啓一
11	緑6	ドゥラドーレス	ドゥラメンテ	ロカ 1勝	57 牡3	横山武	宮田	1500 / 4620	吉田勝己	ノーザンF
12	緑6	ヴェローナシチー	エピファネイア	アモーレエテルノ 未勝	57 牡3	川田	佐々木晶	1500 / 6530	友駿HC	カミイスタット
13	橙7	ディナースタ	ドゥラメンテ	ラヴァリーノ 米	57 牡3	横山和	辻野	1500 / 3326	ノルマンディーTR	クラウン日高牧場
14	橙7	アスクビクターモア	ディープインパクト	カルティカ 英	57 牡3	田辺	田村	4700 / 15,970	廣崎利洋HD	社台F
15	橙7	ボッドボレット	ジャスタウェイ	シーエスシルク 米	57 牡3	坂井	辻野	1600 / 3800	小川眞査雄	社台F
16	桃8	フェーングロッテン	ブラックタイド	ピクシーホロウ 3勝	57 牡3	松若	宮本	3600 / 8250	サンデーR	ノーザンF
17	桃8	ジャスティンパレス	ディープインパクト	パレスルーマー 米	57 牡3	鮫島駿	杉山晴	5000 / 9910	三木正浩	ノーザンF
18	桃8	セレシオン	ハーツクライ	クルソラ 亜	57 牡3	福永	友道	1500 / 3540	キャロットF	ノーザンF

2022年菊花賞

1着⑭アスクビクターモア（2番人気）　馬連 2030円

2着④ボルドグフーシュ（7番人気）　3連複 6440円

3着⑰ジャスティンパレス（4番人気）　3連単 30010円

注目サイン！

前走２勝クラス１着馬の隣馬が３着以内
22年は２番人気アスクビクターモアが優勝

15年	ワンダーアツレッタ	隣馬リアルスティール	2着
16年	シュペルミエール	隣馬サトノダイヤモンド	1着
17年	ポポカテペトル	隣馬キセキ	1着
18年	アフリカンゴールド	隣馬エタリオウ	2着
19年	ホウオウサーベル	隣馬サトノルークス	2着
20年	アリストテレス	隣馬サトノフラッグ	3着
21年	ロードトゥフェイム	隣馬タイトルホルダー	1着
22年	ディナースタ	隣馬アスクビクターモア	1着

岩田康誠騎手の３隣枠が３着以内
17連チャンのロングラン！

11年	＋3枠トーセンラー	3着
12年	＋3枠ゴールドシップ	1着
13年	＋3枠エピファネイア	1着
14年	－3枠ゴールドアクター	3着
15年	－3枠リアルスティール	2着
16年	－3枠レインボーライン	2着
17年	－3枠クリンチャー	2着
18年	－3枠フィエールマン	1着
19年	－3枠サトノルークス	2着
20年	＋3枠コントレイル	1着
22年	－3枠ジャスティンパレス	3着

※04年から継続中。

前走３着馬自身か、その隣馬が３着以内
20年はコントレイルが三冠達成！

18年	メイショウテッコン	隣馬ユーキャンスマイル3着
19年	ワールドプレミア	自身1着
20年	ガロアクリーク	隣馬コントレイル1着
21年	オーソクレース	自身2着
22年	ボルドグフーシュ	自身2着

注目サイン！

池添謙一騎手の４隣馬が３着以内
21年は４番人気タイトルホルダーが逃げ切り

18年　＋4馬ユーキャンスマイル　3着
19年　－4馬サトノルークス　2着
20年　＋4馬サトノフラッグ　3着
21年　＋4馬タイトルホルダー　1着
22年　－4馬ジャスティンパレス　3着

前走２番人気馬自身か、その隣馬が３着以内
22年は７番人気ボルドグフーシュが２着

15年　ブライトエンブレム　隣馬リアルスティール2着
16年　エアスピネル　自身3着
17年　ミッキースワロー　隣馬キセキ1着
18年　ユーキャンスマイル　自身3着
19年　ヴェロックス　隣馬サトノルークス2着　自身3着
20年　ガロアクリーク　隣馬コントレイル1着
21年　ノースザワールド　隣馬ディヴァインラヴ3着
22年　プラダリア　隣馬ボルドグフーシュ2着

前走②番ゲート馬自身か、その隣馬が３着以内
今のところ、18年から連対中

18年　ユーキャンスマイル　自身3着
　　　エタリオウ　自身2着
19年　サトノルークス　自身2着
20年　コントレイル　自身1着
21年　アサマノイタズラ　隣馬タイトルホルダー1着
22年　ボルドグフーシュ　自身2着

馬名頭文字か末尾が「ル」馬自身か、その隣馬が３着以内
17年は13番人気ポポカテペトル３着で３連単55万馬券！

17年　ポポカテペトル　隣馬キセキ1着　自身3着
18年　ユーキャンスマイル　自身3着
19年　ホウオウサーベル　隣馬サトノルークス2着
20年　コントレイル　自身1着
21年　ワールドリバイバル　隣馬オーソクレース2着
※11年から継続中。22年は該当馬の出走ナシ。

GI 天皇賞秋

当たり馬番は連動する!

2023年10月29日　東京芝2000m（3歳上）

正逆　2番6番

ファルコンS　　**天皇賞秋**

ファルコンS			天皇賞秋		
2019年【正15番】	1着	→	2019年【逆15番】	アーモンドアイ	1着
2020年【正6番】	1着	→	2020年【正6番】	フィエールマン	2着
2021年【正1番】	1着	→	2021年【正1番】	コントレイル	2着
2022年【正3番】	2着	→	2022年【正3番】	パンサラッサ	1着
2023年【正6番】 【正2番】	1着 2着	→	2023年	【正逆2番、6番】	

枠	馬番	父	馬名	母	毛色・斤量・性齢	騎手	厩舎			馬主	生産者
白1	1	クロフネ	マリアエレーナ	テンダリーヴォイス2勝	芦 56 牝4	松山	吉田	6350	14,267	金子真人HD	日高大洋牧場
黒2	2	トゥザグローリー	カラテ	レディーノパンチ未出	黒鹿 58 牡6	菅原明	辻野	10,050	21,180	小田切光	中地康弘
黒2	3	ロードカナロア	パンサラッサ	ミスペンバリー未勝	鹿 58 牡5	吉田豊	矢作	26,520	44,241	広尾レース	木村秀則
赤3	4	ディープインパクト	ポタジェ	ジンジャーパンチ米	鹿 58 牡5	吉田隼	友道	14,600	35,800	金子真人HD	ノーザンF
赤3	5	ハーツクライ	ダノンベルーガ	コーステッド米	鹿 56 牡3	川田	堀	2400	10,000	ダノックス	ノーザンF
青4	6	ドレフォン	ジオグリフ	アロマティコ6勝	栗 56 牡3	福永	木村	10,300	21,100	サンデーR	ノーザンF
青4	7	キタサンブラック	イクイノックス	シャトーブランシュ4勝	青鹿 56 牡3	ルメール	木村	9300	18,500	シル[illegible]R	[illegible]ザンF
黄5	8	ディープインパクト	シャフリヤール	ドバイマジェスティ米	黒鹿 58 牡4	Cデムーロ	藤原英	32,310	74,671	サンデーR	ノーザンF
黄5	9	モーリス	ジャックドール	ラヴァリーノ米	栗 58 牡4	藤岡佑	藤岡健	10,650	23,570	前原敏行	クラウン日高牧場
緑6	10	モーリス	ノースブリッジ	アメージングムーン1勝	鹿 58 牡4	岩田康	奥村武	4550	10,970	井山登	村田牧場
緑6	11	ロードカナロア	レッドガラン	ダンスオンザルーフ未勝	鹿 58 牡7	横山和	安田隆	8100	20,980	東京HR	社台F
橙7	12	ナカヤマフェスタ	バビット	アートリョウコ公	栗 58 牡5	横山典	浜田	5500	12,200	宮田直也	大北牧場
橙7	13	キズナ	アブレイズ	エディン5勝	青鹿 56 牝5	マーカンド	池江寿	4100	9090	前田幸貴	ノースヒルズ
桃8	14	ゴールドシップ	ユーバーレーベン	マイネテレジア1勝	青鹿 56 牝4	Mデムーロ	手塚	6500	19,370	ラフィアン	ビッグレッドF
桃8	15	ディープインパクト	カデナ	フレンチリヴィエラ米	鹿 58 牡8	三浦	中竹	5225	22,860	前田幸治	グランド牧場

2022年
天皇賞秋

1着⑦イクイノックス	（1番人気）	馬連	3330円
2着③パンサラッサ	（7番人気）	3連複	4400円
3着⑤ダノンベルーガ	（4番人気）	3連単	23370円

注目サイン！

正逆9番が3着以内
22年は1番人気イクイノックスが豪快差し切り！

18年	正9番サングレーザー	2着
19年	正9番ダノンプレミアム	2着
20年	正9番アーモンドアイ	1着
21年	正9番グランアレグリア	3着
22年	逆9番イクノイックス	1着

正逆69番が3着以内
これはオイシイ！1着率が80%

18年	正69番レイデオロ	1着
19年	正69番アエロリット	3着
20年	正69番アーモンドアイ	1着
21年	正69番エフフォーリア	1着
22年	逆69番イクイノックス	1着

C・ルメール騎手自身か、その隣馬が3着以内
18年以降はルメさん自身が頑張る

16年	ラブリーデイ	隣馬ステファノス3着
17年	ソウルスターリング	隣馬レインボーライン3着
18年	レイデオロ	自身1着
19年	アーモンドアイ	自身1着
20年	アーモンドアイ	自身1着
21年	グランアレグリア	自身3着
22年	イクイノックス	自身1着

横山典弘騎手の21隣馬が3着以内
22年は7番人気パンサラッサが、あわやの大逃走

15年	＋21馬イスラボニータ	3着
16年	－21馬リアルスティール	2着
17年	＋21馬サトノクラウン	2着
18年	＋21馬キセキ	3着
19年	＋21馬ダノンプレミアム	2着
21年	－21馬エフフォーリア	1着
22年	＋21馬パンサラッサ	2着

※20年は同騎手の騎乗ナシ。

注目サイン！

ATTENTION

前走⑥番ゲート馬の隣馬が連対中
22年は2着パンサラッサがダブル指名

17年	ネオリアリズム	隣馬サトノクラウン	2着
19年	カデナ	隣馬アーモンドアイ	1着
21年	カデナ	隣馬コントレイル	2着
22年	カラテ	隣馬パンサラッサ	2着
	ポタジェ	隣馬パンサラッサ	2着

※18、20年は該当馬の出走ナシ。

ATTENTION

田辺裕信騎手の67隣馬が3着以内
21年は3番人気エフフォーリアが優勝

16年	＋67馬リアルスティール	2着
17年	＋67馬レインボーライン	3着
18年	－67馬キセキ	3着
20年	＋67馬アーモンドアイ	1着
21年	＋67馬エフフォーリア	1着

※19、22年は同騎手の騎乗ナシ。

ATTENTION

戸崎圭太騎手の2隣枠が連対中
19年は1番人気アーモンドアイが優勝

16年	＋2枠リアルスティール	2着
17年	－2枠キタサンブラック	1着
18年	－2枠レイデオロ	1着
19年	－2枠アーモンドアイ	1着
21年	＋2枠コントレイル	2着

※20、22年は同騎手の騎乗ナシ。

ATTENTION

前走1番人気馬が3着以内
22年は4番人気ダノンベルーガが3着

19年	アーモンドアイ	1着
20年	フィエールマン	2着
21年	コントレイル	2着
22年	ダノンベルーガ	3着

※15年から継続中。

GI エリザベス女王杯

当たり馬番は連動する!

2023年11月12日　京都芝2200m（3歳上牝馬）

正逆　9番 13番

チューリップ賞		エリザベス女王杯		
2019年【正13番】2着	→	2019年【逆13番】	クロコスミア	2着
2020年【正13番】1着	→	2020年【正13番】	サラキア	2着
2021年【正5番】　2着	→	2021年【正5番】	ステラリア	2着
2022年【正1番】　2着	→	2022年【逆1番】	ジェラルディーナ	1着
2023年【正9番】　1着 【正13番】2着	➡	2023年【正逆9番、13番】		

馬番	枠	馬名	父	母	斤量・性齢	騎手	調教師	賞金	総賞金	馬主	生産者
1	白1	クリノプレミアム	オルフェーヴル	ダンシングクイーン1勝	56 牝5	武豊	伊藤伸	5100	13,266	栗本博晴	吉田F
2	白1	ローザノワール	マンハッタンカフェ	ダノンスズラン公	56 牝6	田中勝	西園正	3800	11,687	渡邊直樹	下河辺牧場
3	黒2	ピンハイ	ミッキーアイル	レイテッド公	54 牝3	川田	田中克	2350	8040	北畑忍	ヒダカF
4	黒2	デアリングタクト	エピファネイア	デアリングバード未勝	56 牝5	松山	杉山晴	18,700	52,722	ノルマンディーTR	長谷川牧場
5	赤3	外 マジカルラグーン	ガリレオ	ナイトラグーン独	54 牝3	フォーリー	ハリントン	6330	アイルランド	張月勝	GI1勝
6	赤3	ホウオウエミーズ	ロードカナロア	エミーズスマイル公	56 牝5	丸田	池上和	3600	9775	小笹芳央	社台F
7	青4	イズジョーノキセキ	エピファネイア	キングダンサー1勝	56 牝5	ルメール	石坂公	5150	16,034	泉一郎	沖田哲夫
8	青4	アンドヴァラナウト	キングカメハメハ	グルヴェイグ5勝	56 牝4	ムーア	池添学	4600	13,650	サンデーR	ノーザンF
9	黄5	ウインキートス	ゴールドシップ	イクスキューズ3勝	56 牝5	松岡	宗像	6600	19,881	ウイン	コスモヴューF
10	黄5	スタニングローズ	キングカメハメハ	ローザブランカ3勝	54 牝3	坂井	高野	12,900	27,340	サンデーR	ノーザンF
11	緑6	ナミュール	ハービンジャー	サンブルエミューズ3勝	54 牝3	横山武	高野	5700	15,790	キャロットF	ノーザンF
12	緑6	ルビーカサブランカ	キングカメハメハ	ムードインディゴ3勝	56 牝5	横山和	須貝尚	4300	13,651	金子真人HD	ノーザンF
13	橙7	ウインマリリン	スクリーンヒーロー	コスモチェーロ1勝	56 牝5	レーン	手塚	12,400	29,711	ウイン	コスモヴューF
14	橙7	アカイイト	キズナ	ウアジェト2勝	56 牝5	幸	中竹	7650	20,542	岡浩二	辻牧場
15	橙7	ライラック	オルフェーヴル	ヴィーヴァブーケ1勝	54 牝3	Mデムーロ	相沢	2250	5330	芹澤精一	杵臼牧場
16	桃8	テルツェット	ディープインパクト	ラッドルチェンド未勝	56 牝5	池添	和田郎	8050	17,010	シルクR	ノーザンF
17	桃8	ウインマイティー	ゴールドシップ	アオバコリン公	56 牝5	和田竜	五十嵐	4000	12,510	ウイン	コスモヴューF
18	桃8	ジェラルディーナ	モーリス	ジェンティルドンナ10勝	56 牝4	Cデムーロ	斉藤崇	6600	16,320	サンデーR	ノーザンF

2022年
エリザベス
女王杯

1着⑱ジェラルディーナ（4番人気）　馬連 1920円

2着⑬ウインマリリン（5番人気）　馬連 15500円

2着⑮ライラック（12番人気）　3連複 90210円

2着同着　3連単 206260円　289250円

注目サイン！

ATTEN TION

前走重賞で３着馬が３着以内
21年は９番人気クラヴェルが３着、３連単339万馬券！

17年　ミッキークイーン　3着（前走・宝塚記念3着）
18年　モズカチャン　3着（前走・札幌記念3着）
19年　ラッキーライラック　1着（前走・府中牝馬S3着）
20年　ラッキーライラック　1着（前走・札幌記念3着）
21年　クラヴェル　3着（前走・新潟記念3着）
22年　ウインマリリン　2着（前走・札幌記念3着）

ATTEN TION

馬名頭文字か末尾「ア」馬自身か、その隣馬が連対中
近２年はアカイイトが貢献、波乱の要因に

17年　クロコスミア　隣馬モズカッチャン1着　自身2着
18年　ノームコア　隣馬リスグラシュー1着
　　　クロコスミア　自身2着
19年　クロコスミア　自身2着
20年　サラキア　自身2着
21年　アカイイト　自身1着
　　　ステラリア　自身2着
22年　アカイイト　隣馬ウインマリリン2着

ATTEN TION

正逆13番が連対中
22年は５番人気ウインマリリンが同着で連対

19年　逆13番クロコスミア　2着
20年　正13番サラキア　2着
21年　逆13番ステラリア　2着
22年　正13番ウインマリリン　2着

ATTEN TION

M・デムーロ騎手の54隣馬
18頭のフルゲートなら自己指名になる

19年　±54馬ラヴズオンリーユー　3着
20年　±54馬ラヴズオンリーユー　3着
21年　－54馬ステラリア　2着
22年　±54馬ライラック　2着

注目サイン！

和田竜二騎手の隣枠が３着以内
22年は同着２着の２頭を一挙に指名

11年　－1枠スノーフェアリー　3着
13年　＋1枠ラキシス　2着
15年　＋1枠マリアライト　1着
17年　＋1枠モズカッチャン　1着
20年　＋1枠ラヴズオンリーユー　3着
21年　＋1枠アカイイト　1着
　　　－1枠クラヴェル　3着
22年　－1枠ウインマリリン　2着
　　　－1枠ライラック　2着
※12、14、16、18、19年は同騎手の騎乗ナシ。

池添謙一騎手の２隣馬
22年は４番人気ジェラルディーナが優勝

16年　－2馬クイーンズリング　1着
17年　＋2馬クロコスミア　2着
18年　＋2馬モズカッチャン　3着
19年　＋2馬ラッキーライラック　1着
21年　＋2馬アカイイト　1着
22年　＋2馬ジェラルディーナ　1着
※20年は同騎手の騎乗ナシ。

川田将雅騎手の３隣枠が連対中
20年は１番人気ラッキーライラックが堂々の優勝

15年　＋3枠マリアライト　1着
16年　－3枠シングウィズジョイ　2着
17年　－3枠モズカッチャン　1着
19年　＋3枠クロコスミア　2着
20年　－3枠ラッキーライラック　1着
22年　－3枠ウインマリリン　2着
※18、21年は同騎手の騎乗ナシ。

GI マイルCS

2023年11月19日　京都芝1600m（３歳上）

当たり馬番は連動する！

正逆　3番 9番

CBC賞		マイルCS		
2019 年【逆5番】 1着	→	2019 年【正5番】	インディチャンプ	1着
2020 年【逆 14 番】1着	→	2020 年【逆 14 番】	グランアレグリア	1着
2021 年【逆3番】 2着	→	2021 年【正3番】	シュネルマイスター	2着
2022 年【逆 10 番】2着	→	2022 年【正 10 番】	セリフォス	1着
2023 年【逆3番】 1着 【逆9番】 2着	➡	2023 年	【正逆3番、9番】	

馬番	枠	父	馬名	母	斤量・性齢	騎手	調教師			馬主	生産者
17	桃8	ディープインパクト	ファルコニア	カンビーナ 愛	57 牡5	池添	高野	5850	19,805	社台RH	社台F
16	桃8	ハービンジャー	ハッピーアワー	サクセスシルエット 2勝	57 牡6	川又	杉山佳	3100	7710	高嶋祐子	吉田F
15	桃8	ロードカナロア	ダノンスコーピオン	レキシールー 加	56 牡3	川田	安田隆	9700	22,700	ダノックス	ケイアイF
14	橙7	タイキシャトル	ベステンダンク	ユキノマーメイド 4勝	57 牡10	藤岡佑	安達	6050	22,365	市川義美HD	服部牧場
13	橙7	キングカメハメハ	エアロロノア	エアワンピース 4勝	57 牡5	武豊	笹田	5200	12,303	ラッキーF	社台F
12	緑6	キングカメハメハ	ホウオウアマゾン	ヒカルアマランサス 4勝	57 牡4	坂井	矢作	6200	15,590	小笹芳央	ノーザンF
11	緑6	ルーラーシップ	ソウルラッシュ	エターナルブーケ 未勝	57 牡4	松山	池江寿	6550	13,360	石川達絵	下河辺牧場
10	黄5	ダイワメジャー	セリフォス	シーフロント 仏	56 牡3	レーン	中内田	8250	21,000	G1レーシング	追分F
9	黄5	スクリーンヒーロー	ピースオブエイト	トレジャーステイト 3勝	56 牡3	Cデムーロ	奥村豊	2900	7050	シルクR	ノーザンF
8	青4	ポイントオブエントリー	外 ロータスランド	リトルミスマフェット 米	55 牝5	岩田望	辻野	10,150	21,69	小林英一HD	アメリカ
7	青4	エピファネイア	ジャスティンカフェ	カジノブギ 1勝	57 牡4	福永	安田翔	3750	9680	三木正浩	社台F
6	赤3	クロフネ	ソダシ	ブチコ 4勝	55 牝4	吉田隼	須貝尚	23,200	49,600	金子真人HD	ノーザンF
5	赤3	ハーツクライ	サリオス	サロミナ 独	57 牡5	ムーア	堀	18,400	47,404	シルクR	ノーザンF
4	黒2	キングマン	外 シュネルマイスター	セリエンホルデ 独	57 牡4	ルメール	手塚	16,800	36,810	サンデーR	ドイツ
3	黒2	ジャスタウェイ	ダノンザキッド	エピックラヴ 仏	57 牡4	北村友	安田隆	5500	19,290	ダノックス	ノーザンF
2	白1	スクリーンヒーロー	ウインカーネリアン	コスモクリスタル 4勝	57 牡5	三浦	鹿戸雄	7250	17,380	ウイン	コスモヴューF
1	白1	ダイワメジャー	マテンロウオリオン	パルテノン 未勝	56 牡3	横山典	昆	6200	12,690	寺田千代乃	ムラカミF

2022 年 マイルCS			
	1着⑩セリフォス	（6番人気）	馬連 11870 円
	2着③ダノンザキッド	（8番人気）	3連複 20530 円
	3着⑥ソダシ	（2番人気）	3連単 142650 円

注目サイン！

前年最先着馬自身か、その隣馬が３着以内
22 年は８番人気ダノンザキッド２着で馬連万馬券！

14 年	前年最先着⑬番	→	⑫番ダノンシャーク	1着
15 年	前年最先着⑮番	→	⑯番モーリス	1着
16 年	前年最先着⑦番	→	⑧番イスラボニータ	2着
17 年	前年最先着⑫番	→	⑪番エアスピネル	2着
18 年	前年最先着②番	→	②番ペルシアンナイト	2着
19 年	前年最先着⑦番	→	⑦番ペルシアンナイト	3着
20 年	前年最先着⑧番	→	⑧番インディチャンプ	2着
21 年	前年最先着⑫番	→	⑫番グランアレグリア	1着
22 年	前年最先着④番	→	③番ダノンザキッド	2着

※ 22 年の場合、④シュネルマイスターが前年の最先着（２着）。候補は、シュネルマイスターかその隣馬となり、③ダノンザキッドが２着している。

正逆３番か４番が３着以内
20 年は正４番グランアレグリアが優勝

13 年	正4番ダイワマッジョーレ	2着
14 年	正3番グランデッツァ	3着
15 年	逆3番モーリス	1着
16 年	逆3番ミッキーアイル	1着
17 年	正4番サングレーザー	3着
18 年	正3番アルアイン	3着
19 年	逆4番ダノンプレミアム	2着
20 年	正4番グランアレグリア	1着
21 年	正3番シュネルマイスター	2着
22 年	正3番ダノンザキッド	2着

前走②番ゲート馬自身か、その隣馬が３着以内
21 年は名牝グランアレグリアが連覇

18 年	ケイアイノーテック	隣馬ステルヴィオ1着
19 年	レッドオルガ	隣馬インディチャンプ1着
20 年	アドマイヤマーズ	自身3着
21 年	カテドラル	隣馬グランアレグリア1着
22 年	ソダシ	自身3着

注目サイン！

ATTEN TION

馬名末尾「ト」馬自身か、その隣馬が３着以内
18 年はワンツースリー、３連単２万馬券

16 年	クラレント	隣馬ネオリアリズム3着
17 年	ペルシアンナイト	自身1着
18 年	ペルシアンナイト	隣馬ステルヴィオ1着　自身2着 隣馬アルアイン3着
19 年	ペルシアンナイト	自身3着
20 年	メイケイダイハード	隣馬グランアレグリア1着
21 年	ダノンザキッド	隣馬グランアレグリア1着　自身3着
22 年	ダノンザキッド	自身2着

※「ド」も対象。

ATTEN TION

当日ビリ人気馬の 28 隣馬が３着以内
まだ４年間だが、注目のサイン

19 年	タイムトリップ	＋ 28 馬3着
20 年	ブラックムーン	＋ 28 馬1着
21 年	レインボーフラッグ	＋ 28 馬1着
22 年	ベステンダンク	－ 28 馬2着

ATTEN TION

前走⑩番ゲート馬自身か、その隣馬が３着以内
22 年は６番人気セリフォスが優勝

19 年	フィアーノロマーノ	隣馬インディチャンプ1着 隣馬ペルシアンナイト3着
20 年	グランアレグリア	自身1着
21 年	クリノガウディー	隣馬シュネルマイスター2着
22 年	セリフォス	自身1着

ATTEN TION

和田竜二騎手の 92 隣馬が３着以内
23 年の騎乗に期待したい

12 年	＋ 92 馬グランプリボス	2着
13 年	＋ 92 馬ダイワマッジョーレ	2着
14 年	＋ 92 馬フィエロ	2着
17 年	＋ 92 馬エアスピネル	2着
19 年	－ 92 馬インディチャンプ	1着
21 年	－ 92 馬グランアレグリア	1着

※ 15、16、18、20、22 年は同騎手の騎乗ナシ。

GIジャパンC

当たり馬番は連動する！

2023年11月26日　東京芝2400m（3歳上）

正逆　2番　12番

ニュージーランドT		ジャパンC		
2019年【逆15番】1着	→	2019年【逆15番】	カレンブーケドール	2着
2020年【逆6番】 1着	→	2020年【正6番】	コントレイル	2着
2021年【逆2番】 2着	→	2021年【正2番】	コントレイル	1着
2022年【逆6番】 1着	→	2022年【正6番】	ヴェラアズール	1着
2023年【逆12番】1着 【逆2番】 2着	➡	2023年	**【正逆2番、12番】**	

馬番	枠	父	馬名	母	斤量	騎手	調教師	賞金	総賞金	馬主	生産者
18	桃8	キングカメハメハ	ボッケリーニ	ポップコーンジャズ	57牡6	浜中	池江寿	10,800	28,420	金子真人HD	ノーザンF
17	桃8	ゴールドシップ	ユーバーレーベン	マイネテレジア	55牝4	Mデムーロ	手塚	6500	19,370	ラフィアン	ビッグレッドF
16	桃8	スウェプトオーヴァーボード	(地)リッジマン	アドマイヤモンロー	57牡9	石川	(水沢)千葉幸	6525	18,673	辻牧場	辻牧場
15	橙7	ディープインパクト	シャフリヤール	ドバイマジェスティ	57牡4	Cデムーロ	藤原英	32,310	76,671	サンデーR	ノーザンF
14	橙7	ハーツクライ	ダノンベルーガ	コーステッド	55牡3	川田	堀	2400	15,000	ダノックス	ノーザンF
13	橙7	リオンディーズ	テーオーロイヤル	メイショウオウヒ	57牡4	菱田	岡田	4550	15,627	小笹公也	三嶋牧場
12	緑6	ハーツクライ	シャドウディーヴァ	ダイヤモンドディーバ	55牝6	松山	斎藤誠	7000	19,260	スリーエイチR	ノーザンF
11	緑6	トゥザグローリー	カラテ	レディーノパンチ	57牡6	菅原明	辻野	10,050	21,180	小田切光	中地康弘
10	黄5	ハーツクライ	ハーツイストワール	レツィーナ	57牡6	武豊	国枝	4950	13,380	嶋田賢	ノーザンF
9	黄5	ノーネイネヴァー	(外)ユニコーンライオン	ムラフカ	57牡6	国分優	矢作	9600	21,880	ライオンRH	アイルランド
8	青4	エピファネイア	デアリングタクト	デアリングバード	55牝5	マーカンド	杉山晴	18,700	52,722	ノルマンディーTR	長谷川牧場
7	青4	ジュリアーニ	(外)テュネス	ティジュアナ	55牡3	ムルザバエフ	シールゲン	2590	ドイツ	H.レンツ	GI1勝
6	赤3	エイシンフラッシュ	ヴェラアズール	ヴェラブランカ	57牡5	ムーア	渡辺	5750	14,410	キャロットF	白老F
5	赤3	オリンピックグローリー	(外)グランドグローリー	マドンナリリー	55牝6	ギュイヨン	ピエトリーニ	14,790	フランス	ウス牧場	GI1勝
4	黒2	ハーツクライ	トラストケンシン	アフェランドラ	57牡7	丸田	高橋文	2400	9004	菅波立知子	村上欽哉
3	黒2	ドリームジャーニー	ヴェルトライゼンデ	マンデラ	57牡5	レーン	池江寿	8200	21,400	サンデーR	ノーザンF
2	白1	フランケル	(外)オネスト	オンショア	55牡3	ルメール	シャペ	8450	フランス	G.オーギュスタンN	GI1勝
1	白1	タマユズ	(外)シムカミル	スウェルティア	55牡3	ブノワ	ワッテル	3830	フランス	ペレル牧場	GII1勝

2022年ジャパンC			
1着⑥ヴェラアズール	（3番人気）	馬連 940円
2着⑮シャフリヤール	（1番人気）	3連複 2360円
3着③ヴェルトライゼンデ	（4番人気）	3連単 9850円

注目サイン！

ATTENTION 内枠(１、２枠)が３着以内
21年は１枠②番コントレイルが優勝、引退の花道飾る

14年	2枠エピファネイア	1着
15年	1枠ラブリーデイ	3着
16年	1枠キタサンブラック	1着
17年	1枠シュヴァルグラン	1着
18年	1枠アーモンドアイ	1着
19年	1枠カレンブーケドール	2着
20年	2枠アーモンドアイ	1着
21年	1枠コントレイル	1着
22年	2枠ヴェルトライゼンデ	3着

ATTENTION C・ルメール騎手の２隣枠が３着以内
22年はワンツーで馬連940円

18年	−2枠スワーヴリチャード	3着
19年	−2枠カレンブーケドール	2着
20年	＋2枠コントレイル	2着
21年	−2枠シャフリヤール	3着
22年	＋2枠ヴェラアズール	1着
	−2枠シャフリヤール	2着

ATTENTION 前走⑧番ゲート馬自身か、その隣馬が３着以内
22年は１番人気シャフリヤールが２着

15年	ラブリーデイ	自身3着
16年	サウンズオブアース	自身2着
17年	レイデオロ	自身2着
18年	シュヴアルグラン	隣馬キセキ2着
19年	カレンブーケドール	自身2着
20年	カレンブーケドール	隣馬アーモンドアイ1着
21年	ブルーム	隣馬コントレイル1着
22年	シャフリヤール	自身2着

注目サイン！

武豊騎手の32隣馬が3着以内
22年は4番人気ヴェラアズールが優勝

17年	＋32馬レイデオロ	2着
19年	＋32馬カレンブーケドール	2着
20年	＋32馬デアリングタクト	3着
21年	−32馬シャフリヤール	3着
22年	＋32馬ヴェラアズール	1着

※18年は同騎手の騎乗ナシ。

M・デムーロ騎手の2隣枠が3着以内
20年の“三冠馬対決”はデアリングタクトが3着

18年	＋2枠アーモンドアイ	1着
19年	＋2枠カレンブーケドール	2着
20年	−2枠デアリングタクト	3着
21年	＋2枠コントレイル	1着
22年	＋2枠ヴェルトライゼンデ	3着

外国招待馬の73隣馬が連対中
21年は3番人気オーソリティが2着

17年	イキートス	−73馬シュヴァルグラン	1着
18年	カプリ	＋73馬アーモンドアイ	1着
20年	ウェイトゥパリス	＋73馬コントレイル	2着
21年	グランドグローリー	＋73馬オーソリティ	2着
22年	グランドグローリー	＋73馬ヴェラアズール	1着

※19年は該当馬の出走ナシ。

前走10着馬の17隣馬が3着以内
19年はワンツーで馬連2900円！

18年	スワーヴリチャード	−17馬キセキ	2着
19年	ウインテンダネス	＋17馬スワーヴリチャード	1着
	マカヒキ	＋17馬カレンブーケドール	2着
21年	ムイトオブリガード	−17馬コントレイル	1着
22年	オネスト	−17馬ヴェルトライゼンデ	3着

※20年は該当馬の出走ナシ。他に「当日1番人気馬の18隣馬が3着以内」も継続中。

GIチャンピオンズC

当たり馬番は連動する!

2023年12月3日　中京ダ1800m(３歳上)

正逆　3番9番

CBC賞				チャンピオンズC		
2019年	【逆5番】	1着	→ 2019年	【正5番】	クリソベリル	1着
2020年	【逆11番】	2着	→ 2020年	【正11番】	チュウワウィザード	1着
2021年	【逆11番】	1着	→ 2021年	【逆11番】	テーオーケインズ	1着
2022年	【逆10番】	2着	→ 2022年	【正10番】	クラウンプライド	2着
2023年	【逆3番】	1着	➡ 2023年	【正逆3番、9番】		
	【逆9番】	2着				

馬番	枠	馬名	父	母	毛色・斤量・性齢	騎手	調教師			馬主	生産者
1	白1	グロリアムンディ	キングカメハメハ	ベットーレ(伊)	鹿 57 牡4	ムーア	大久保龍	4350	10,750	吉田和美	ノーザンF
2	白1	サンライズホープ	マジェスティックウォリアー	オーパスクイーン 3勝	鹿 57 牡5	幸	羽月	7400	16,660	松岡隆雄	ヤナガワ牧場
3	黒2	ハピ	キズナ	クイーンパイレーツ 未勝	黒鹿 56 牡3	横山典	大久保龍	2850	6950	寺田寿男	ノースヒルズ
4	黒2	スマッシングハーツ	ヘニーヒューズ	プリティメイズ 5勝	鹿 57 牡6	鮫島駿	新谷	3510	10,279	前田幸治	ノースヒルズ
5	赤3	ジュンライトボルト	キングカメハメハ	スペシャルグルーヴ 未勝	鹿 57 牡5	石川	友道	5700	15,210	河合純二	ノーザンF
6	赤3	レッドガラン	ロードカナロア	ダンスオンザルーフ 未勝	鹿 57 牡7	斎藤	安田隆	8100	20,980	東京HR	社台F
7	青4	オーヴェルニュ	スマートファルコン	ギュイエンヌ 3勝	鹿 57 牡6	ルメール	西村	10,850	23,025	[illegible]山忠国	明治牧場
8	青4	サンライズノヴァ	ゴールドアリュール	ブライトサファイヤ 未勝	栗 57 牡8	松若	音無	13,600	42,630	松岡隆雄	ヤナガワ牧場
9	黄5	ノットゥルノ	ハーツクライ	シェイクズセレナーデ 米	鹿 56 牡3	武豊	音無	4600	9500	金子真人HD	下河辺牧場
10	黄5	クラウンプライド	リーチザクラウン	エミーズプライド 公	黒鹿 56 牡3	福永	新谷	6590	13,106	吉田照哉	社台F
11	緑6	バーデンヴァイラー	ドゥラメンテ	ヴィートマルシェ 1勝	黒鹿 57 牡4	レーン	斉藤崇	5000	9980	キャロットF	ノーザンF
12	緑6	テーオーケインズ	シニスターミニスター	マキシムカフェ 未勝	栗 57 牡5	松山	高柳大	20,800	44,420	小笹公也	ヤナガワ牧場
13	橙7	シャマル	スマートファルコン	ネイティヴコード 3勝	鹿 57 牡4	川田	松下	6500	15,450	金山敏也	岡田S
14	橙7	タガノビューティー	ヘニーヒューズ	スペシャルディナー 1勝	鹿 57 牡5	石橋脩	西園正	5000	17,845	八木良司	新冠タガノF
15	桃8	サクラアリュール	ゴールドアリュール	シロガネーゼカフェ 未勝	栗 57 牡7	酒井	村山	3100	14,255	さくらコマース	谷岡牧場
16	桃8	レッドソルダード	マジェスティックウォリアー	レッドソンブレロ 未出	黒鹿 57 騸4	丸山	奥村豊	2400	6366	東京HR	ノーザンF

2022年チャンピオンズC	1着⑤ジュンライトボルト	(3番人気)	馬連 4850円
	2着⑩クラウンプライド	(4番人気)	3連複 14020円
	3着③ハピ	(6番人気)	3連単 81360円

注目サイン！

同年みやこＳ１着馬の２隣枠が３着以内
21年は14番人気アナザートゥルースが３着で波乱

17年	−2隣枠ゴールドドリーム	1着
18年	みやこS施行ナシ	
19年	−2隣枠ゴールドドリーム	2着
20年	−2隣枠ゴールドドリーム	2着
21年	−2隣枠アナザートゥルース	3着
22年	＋2隣枠ジュンライトボルト	1着

※15年から継続中。

前走⑧番ゲート馬自身か、その隣馬が３着以内
22年６番人気ハピが３着、３連単８万馬券！

18年	パヴェル	隣馬ルヴァンスレーヴ1着
19年	チュウワウィザード	隣馬インティ3着
21年	サンライズホープ	隣馬テーオーケインズ1着
22年	ハピ	自身3着

※17年から継続中。20年は該当馬の出走ナシ。

前走４着馬の２隣馬が連対中
17年はワンツーで馬連4140円

17年	アウォーディー	−2馬ゴールドドリーム	1着
		＋2馬テイエムジンソク	2着
18年	アポロケンタッキー	−2馬ルヴァンスレーヴ	1着
20年	エアアルマス	−2馬ゴールドドリーム	2着
21年	インティ	＋2馬テーオーケインズ	1着
22年	ハピ	＋2馬ジュンライトボルト	1着

※19年は該当馬の出走ナシ。

Ｒ・ムーア騎手の44隣馬が連対中
23年の来日に期待したい

16年	＋44馬サウンドトゥルー	1着
17年	−44馬テイエムジンソク	2着
19年	＋44馬クリソベリル	1着
22年	−44馬ジュンライトボルト	1着

※18、20、21年は同騎手の騎乗ナシ。

注目サイン！

松山弘平騎手の３隣枠が３着以内
20年は10番人気インティが３着激走！

15年　＋3枠ノンコノユメ　2着
17年　＋3枠ゴールドドリーム　1着
18年　＋3枠ルヴァンスレーヴ　1着
20年　－3枠インティ　3着
21年　＋3枠アナザートゥルース　3着
22年　－3枠ジュンライトボルト　1着
※16、19年は同騎手の騎乗ナシ。

横山典弘騎手の14隣馬が３着以内
18年から優勝馬を輩出

16年　＋14馬アスカノロマン　3着
18年　－14馬ルヴァンスレーヴ　1着
19年　＋14馬クリソベリル　1着
22年　－14馬ジュンライトボルト　1着
※17、20、21年は同騎手の騎乗ナシ。

幸英明騎手の２隣枠が３着以内
22年は３番人気ジュンライトボルトが豪快差し切り

14年　－2枠ナムラビクター　2着
15年　＋2枠ノンコノユメ　2着
16年　－2枠サウンドトゥルー　1着
19年　－2枠ゴールドドリーム　2着
21年　＋2枠アナザートゥルース　3着
22年　＋2枠ジュンライトボルト　1着
※17、18、20年は同騎手の騎乗ナシ。

松若風馬騎手の３隣馬が連対中
近３年はいずれも１着！

16年　＋3馬アウォーディー　2着
20年　＋3馬チュウワウィザード　1着
21年　＋3馬テーオーケインズ　1着
22年　－3馬ジュンライトボルト　1着
※17～19年は同騎手の騎乗ナシ。

GI 阪神JF

2023年12月10日　阪神芝1600m（２歳牝馬）

当たり馬番は連動する!

正逆 3番9番

有馬記念		阪神ＪＦ		
2018 年【正8番】	1着	→ 2019 年【逆8番】	マルターズディオサ	2着
2019 年【正6番】	1着	→ 2020 年【正6番】	ソダシ	1着
2020 年【正9番】	1着	→ 2021 年【逆9番】	サークルオブライフ	1着
2021 年【正 10 番】	1着	→ 2022 年【逆 10 番】	リバティアイランド	1着
2022 年【正9番】	1着	➡ 2023 年【正逆3番、9番】		
【正3番】	2着			

馬番	父	馬名	母	斤量	騎手	調教師	賞金	馬主	生産者
1	エピファネイア	サンティーテソーロ	ナガラフラワー4勝	54牝2	横山和	栗田徹	900	了徳寺健二HD	大島牧場
2	ダノンバラード	キタウイング	キタノリツメイ未勝	54牝2	和田竜	小島茂	2000	ミルF	ミルF
3	サトノダイヤモンド	シンリョクカ	レイカーラ5勝	54牝2	木幡初	竹内	400	由井健太郎	下河辺牧場
4	キンシャサノキセキ	アロマデローサ	ローズウィスパー3勝	54牝2	イーガン	池添学	1000	シルクR	ノーザンF
5	エピファネイア	モリアーナ	ガルデルスリール2勝	54牝2	武藤	武藤	1000	高橋文男	ノーザンF
6	カレンブラックヒル	ミスヨコハマ	ミスエリカ1勝	54牝2	Mデムーロ	斎藤誠	900	大野富生	ノーザンF
7	レッドファルクス	ハウピア	タイヨウパフューム3勝	54牝2	菱田	岡田	400	日高大洋牧場	日高大洋牧場
8	キトゥンズジョイ	(外)エイムインライフ	エリシェヴァ4勝	54牝2	酒井	角田	400	[illegible]田葉子	[illegible]メリカ
9	ドゥラメンテ	リバティアイランド	ヤンキーローズ(豪)	54牝2	川田	中内田	1000	サンデーR	ノーザンF
10	ダノンバラード	ミシシッピテソーロ	ハピネスフォーユー1勝	54牝2	原	畠山吉	1000	了徳寺健二HD	リョーケンF
11	キズナ	イティネラートル	ジプシーハイウェイ(愛)	54牝2	岩田望	長谷川	900	社台RH	社台F
12	キンシャサノキセキ	リバーラ	インドリヤ未勝	54牝2	石橋脩	高柳瑞	2000	荒井泰樹	シンボリ牧場
13	ルーラーシップ	ドゥアイズ	ローズマンブリッジ2勝	54牝2	吉田隼	庄野	1000	GIレーシング	ノーザンF
14	ビッグアーサー	ブトンドール	プリンセスロック3勝	54牝2	鮫島駿	池添学	2600	[illegible]	ノーザンF
15	モーリス	ムーンプローブ	スマイリングムーン4勝	54牝2	松山	上村	900	吉田晴哉	追分F
16	ドゥラメンテ	ドゥーラ	イシス1勝	54牝2	斎藤	高橋康	2000	サイプレスHD	グランデF
17	ロードカナロア	ウンブライル	ラルケット4勝	54牝2	横山武	木村	1000	サンデーR	ノーザンF
18	キタサンブラック	ラヴェル	サンブルエミューズ3勝	54牝2	坂井	矢作	2000	キャロットF	ノーザンF

2022 年
阪神JF

1着⑨リバティアイランド（1番人気）　馬連 7550 円

2着③シンリョクカ（12 番人気）　3連複 64960 円

3着⑬ドゥアイズ（10 番人気）　3連単 178460 円

注目サイン！

ATTENTION

正逆13番と24番が3着以内
19年はワンツーで馬連万馬券！

18年	正13番ダノンファンタジー	1着	逆24番ダノンファンタジー	1着
19年	逆13番レシステンシア	1着	逆24番マルターズディオサ	2着
20年	逆13番サトノレイナス	2着	正24番サトノレイナス	2着
21年	正13番ウォーターナビレラ	3着	逆24番ウォーターナビレラ	3着
22年	正13番ドゥアイズ	3着	逆24番ドゥアイズ	3着

ATTENTION

赤松賞最先着馬の7隣馬が3着以内
オイシイ！5/6で1着指名

17年	マウレア	＋7馬ラッキーライラック	1着
18年	ジョディー	－7馬ダノンファンタジー	1着
19年	ジェラペッシュ	＋7馬レシステンシア	1着
20年	アオイゴールド	－7馬ソダシ	1着
21年	ナミュール	－7馬サークルオブライフ	1着
22年	ミスヨコハマ	＋7馬ドゥアイズ	3着

ATTENTION

川田将雅騎手の＋21か＋22隣馬が3着以内
これもオイシイ！4/5で1着指名

14年	＋21馬ショウナンアデラ	1着
15年	＋21馬メジャーエンブレム	1着
17年	＋22馬ラッキーライラック	1着
19年	＋21馬レシステンシア	1着
22年	＋22馬ドゥアイズ	3着

※16、18、20、21年は同騎手の騎乗ナシ。

ATTENTION

前走アルテミスS、ファンタジーSの連対馬が3着以内
22年は1番人気リバティアイランドが圧勝

18年	ダノンファンタジー	1着	（前走ファンタジーS1着）
	ビーチサンバ	3着	（前走アルテミスS2着）
19年	レシステンシア	1着	（前走ファンタジーS1着）
20年	ソダシ	1着	（前走アルテミスS1着）
21年	サークルオブライフ	1着	（前走アルテミスS1着）
	ウォーターナビレラ	3着	（前走ファンタジーS1着）
22年	リバティアイランド	1着	（前走アルテミスS2着）

※14年から継続中。

注目サイン！

馬名頭文字か末尾が「ク」馬自身か、その隣馬が３着以内
22 年は 12 番人気シンリョクカが２着激走！

16 年	ソウルスターリング	自身1着
17 年	ラッキーライラック	自身1着
	グリエルマ	隣馬マウレア3着
18 年	クロノジェネシス	自身2着
19 年	クラヴァシュドール	隣馬マルターズディオサ2着
		自身3着
21 年	サク	隣馬ウォーターナビレラ3着
22 年	キタウイング	隣馬シンリョクカ2着

※「グ」も対象。20 年は該当馬の出走ナシ。

前走２番人気馬自身か、その隣馬が３着以内
22 年は 10 番人気ドゥアイズが３着、３連複６万馬券！

18 年	タニノミッション	隣馬クロノジェネシス2着
		隣馬ビーチサンバ3着
19 年	クラヴァシュドール	隣馬マルターズディオサ2着
		自身3着
20 年	ヨカヨカ	隣馬サトノレイナス2着
21 年	ウォーターナビレラ	自身3着
22 年	ブトンドール	隣馬ドゥアイズ3着

※ 16 年から継続中。

Ｍ・デムーロ騎手の２隣枠が３着以内
ここでも 22 年は１着リバティアイランドを指名

09 年	＋2枠アパパネ	1着
10 年	－2枠レーヴディソール	1着
11 年	＋2枠アイムユアーズ	2着
12 年	＋2枠クロフネサプライズ	2着
13 年	－2枠レッドリヴェール	1着
20 年	－2枠サトノレイナス	2着
21 年	＋2枠ウォーターナビレラ	3着
22 年	＋2枠リバティアイランド	1着

※ 14 ～ 19 年は同騎手の騎乗ナシ。

GI 朝日杯FS

当たり馬番は連動する!

2023年12月17日　阪神芝1600m(２歳)

正逆　2番7番

シンザン記念		朝日杯ＦＳ		
2019 年【逆 11 番】1着	→	2019 年【逆 11 番】	サリオス	1着
2020 年【逆 10 番】1着	→	2020 年【逆 10 番】	ステラヴェローチェ	2着
2021 年【逆4番】　1着	→	2021 年【正4番】	セリフォス	2着
2022 年【逆6番】　1着	→	2022 年【逆6番】	ダノンタッチダウン	2着
2023 年【逆7番】　1着 【逆2番】　2着	➡	2023 年【正逆2番、7番】		

馬番	枠	馬名	父	母	毛色・斤量・性齢	騎手	厩舎	賞金	馬主	生産
1	白1	キョウエイブリッサ	グレーターロンドン	キョウエイボズナン 未勝	鹿 55 牡2	川須	武市	400	田中晴夫	山口義彦
2	白1	ドルチェモア	ルーラーシップ	アユサン 2勝	鹿 55 牡2	坂井	須貝尚	2000	スリーエイチR	下河辺牧場
3	黒2	オールパルフェ	リアルスティール	クイーングラス 2勝	鹿 55 牡2	大野	和田雄	2300	遠藤良一	カタオカF
4	黒2	ドンデンガエシ	ドレフォン	トウザハピネス 未出	鹿 55 牡2	横山典	尾関	900	岩切企画	ノーザンF
5	赤3	バグラダス	マジェスティックウォリアー	メジェルダー 1勝	鹿 55 牡2	吉田隼	嘉藤	900	村田牧場	村田牧場
6	赤3	ミシェラドラータ	キンシャサノキセキ	クリールソレイユ 未勝	鹿 55 牡2	酒井	清水久	400	福盛訓之	丸村村下F
7	青4	オオバンブルマイ	ディスクリートキャット	ピンクガーベラ 未勝	鹿 55 牡2	ルメール	吉村	2300	岡浩二	サンデーヒルズ
8	青4	グラニット	ダノンバラード	インティワタナ 1勝	鹿 55 牡2	松山	大和田	1000	ミル[illegible]	[illegible]
9	黄5	ニシノベストワン	エピファネイア	ニシノワン 未勝	黒鹿 55 牡2	藤岡佑	新谷	400	西山茂行	谷川牧場
10	黄5	ウメムスビ	ファインニードル	ヴィオレッタ 未勝	黒鹿 55 牡2	角田河	新谷	1000	紀州ほそ川開発	奥山牧場
11	緑6	ティニア	フランケル	フォローアドリーム 米	黒鹿 55 牡2	福永	池江寿	400	前田幸治	アイルランド
12	緑6	ダノンタッチダウン	ロードカナロア	エピッククラウ 愛	鹿 55 牡2	川田	安田隆	1150	ダノックス	ノーザンF
13	橙7	スズカダブル	バゴ	ダブルファンタジー 2勝	栗 55 牡2	鮫島駿	西村	400	永井啓弐	辻牧場
14	橙7	レイベリング	フランケル	ノイエル 愛	鹿 55 牡2	横山武	鹿戸雄	400	ビッグレッドF	イギリス
15	桃8	フロムダスク	ボルトドーロ	ブーリッシュコース 米	黒鹿 55 牡2	武豊	森	1150	藤田晋	アメリカ
16	桃8	コーパスクリスティ	エピファネイア	レッドソンブレロ 未出	栗 55 牡2	イーガン	中内田	900	吉田勝己	ノーザンF
17	桃8	エンファサイズ	リアルスティール	ファビュラスセンス 1勝	鹿 55 牡2	藤岡康	四位	400	社台RH	社台F

2022 年 朝日杯FS			
	1着②ドルチェモア	（1番人気）	馬連 550 円
	2着⑫ダノンタッチダウン	（2番人気）	3連複 1280 円
	3着⑭レイベリング	（3番人気）	3連単 4570 円

注目サイン！

ATTENTION
１番人気馬が３着以内
逆らわず買うべし！

17 年　ダノンプレミアム　1着
18 年　グランアレグリア　3着
19 年　サリオス　1着
20 年　レッドベルオーブ　3着
21 年　セリフォス　2着
22 年　ドルチェモア　1着

ATTENTION
正逆 57 番が３着以内
22 年は２番人気ダノンタッチダウンが２着

19 年　逆 57 番タイセイビジョン　2着
　　　正 57 番グランレイ　3着
20 年　逆 57 番レッドベルオーブ　3着
21 年　逆 57 番セリフォス　2着
22 年　逆 57 番ダノンタッチダウン　2着

ATTENTION
武豊騎手の隣枠が３着以内
22 年の優勝馬ドルチェモアが該当

17 年　隣枠タワーオブロンドン　3着
18 年　隣枠クリノガイディー　2着
19 年　隣枠サリオス　1着
20 年　隣枠ステラヴェローチェ　2着
21 年　隣枠ダノンスコーピオン　3着
22 年　隣枠ドルチェモア　1着

ATTENTION
C・ルメール騎手の 41 隣馬が３着以内
21 年は３番人気ドウデュースが優勝

17 年　－ 41 馬ステルヴィオ　2着
18 年　－ 41 馬アドマイヤマーズ　1着
19 年　＋ 41 馬グランレイ　3着
20 年　＋ 41 馬ステラヴェローチェ　2着
21 年　＋ 41 馬ドウデュース　1着
22 年　＋ 41 馬レイベリング　3着

注目サイン！

ATTEN TION

前走⑦番ゲート馬自身か、その隣馬が３着以内
19年は14番人気グランレイ３着で３連単９万馬券！

18年	アスターペガサス	隣馬グランアレグリア3着
19年	グランレイ	隣馬タイセイビジョン2着
		自身3着
21年	スプリットシーザー	隣馬ドウデュース1着
22年	ドルチェモア	自身1着

※20年は該当馬の出走ナシ。

ATTEN TION

サウジアラビアＲＣ１着馬の枠が３着以内
同重賞からの連勝に注意

14年	クラリティスカイ	3着
17年	ダノンプレミアム	1着
18年	グランアレグリア	3着
19年	サリオス	1着
20年	ステラヴェローチェ	2着
22年	ドルチェモア	1着

※15、16、21年は該当馬の出走ナシ。

ATTEN TION

川田将雅騎手の32隣馬が３着以内
20年は自身騎乗の７番人気グレナディアガーズが優勝

16年	－32馬サトノアレス	1着
17年	±32馬ダノンプレミアム	1着
18年	－32馬アドマイヤマーズ	1着
20年	±32馬グレナディアガーズ	1着
22年	－32馬レイベリング	3着

ATTEN TION

Ｍ・デムーロ騎手の34隣馬が３着以内
16年は12番人気ボンセルヴィーソ３着、３連単22万馬券！

13年	＋34馬アジアエクスプレス	1着
15年	－34馬シャドウアプローチ	3着
16年	＋34馬ボンセルヴィーソ	3着
18年	－34馬グランアレグリア	3着
20年	＋34馬グレナディアガーズ	1着
21年	－34馬セリフォス	2着

※14、17、19、22年は同騎手の騎乗ナシ。

J・GI 中山大障害

当たり馬番は連動する！

2023年12月23日　中山芝4100m（3歳上）

正逆　7番 14番

オークス			中山大障害		
2019 年【逆9番】	2着	→	2019 年【逆9番】	シングンマイケル	1着
2020 年【逆3番】	2着	→	2020 年【逆3番】	メイショウダッサイ	1着
2021 年【逆 12 番】	2着	→	2021 年【逆 12 番】	オジュウチョウサン	1着
2022 年【逆1番】	1着	→	2022 年【逆1番】	ゼノヴァース	2着
2023 年【逆 14 番】	1着	➡	2023 年	【正逆7番、14 番】	
【逆7番】	2着				

枠	馬番	馬名	父	母（成績）	毛色・斤量・性齢	騎手	調教師	賞金	総賞金	馬主	生産者
白1	1	オジュウチョウサン	ステイゴールド	シャドウシルエット 未出	鹿 63 牡11	石神	美和田郎	43,000	93,470	チョウサン	坂東牧場
黒2	2	ビレッジイーグル	ベーカバド	トキノナスティア 2勝	黒鹿 63 牡5	大江原	美竹内	1150	5396	村山輝雄	川島牧場
赤3	3	テイエムタツマキ	キズナ	ウィローパドック 公	青鹿 63 牡4	黒岩	栗武英	400	3351	竹園正繼	三木田牧場
青4	4	(外)アサクサゲンキ	ストーミーアトランティック	アミーリア 米	鹿 63 騸7	替平沢	栗音無	4500	21,670	田原慶子	アメリカ
黄5	5	ブラゾンダムール	ディープインパクト	メダリアダムール 米	黒鹿 63 牡7	西谷誠	栗松永幹	3000	8787	GIレーシング	追分F
緑6	6	マッスルビーチ	メイショウサムソン	クロンヌドール 未勝	黒鹿 63 牡6	北沢	栗鈴木孝	1000	8036	岡浩二	ノースヒルズ
緑6	7	マイネルレオーネ	ステイゴールド	ウエンブリー 2勝	黒鹿 63 牡10	替植野	栗清水久	2350	18,872	ラフィアン	真歌田中牧場
橙7	8	ケンホファヴァルト	マーベラスサンデー	エイシンパンジー 未勝	鹿 63 牡9	替小牧加	栗森	4450	24,370	中西宏彰	マリオS
橙7	9	ニシノデイジー	ハービンジャー	ニシノヒナギク 未勝	鹿 63 牡6	五十嵐	美高木	400	13,980	西山茂行	谷川牧場
桃8	10	テイエムチューハイ	ブラックタイド	テイエムヒスイ 2勝	黒鹿 63 牡8	小野寺	栗五十嵐	400	10,120	竹園正繼	テイエム牧場
桃8	11	ゼノヴァース	ディープインパクト	リズムオブプライト 英	鹿 63 牡5	森一	栗小林	3650	11,809	フクキタル	パカパカF

2022 年 中山大障害			
	1着⑨ニシノデイジー	（5番人気）	馬連 1990 円
	2着⑪ゼノヴァース	（3番人気）	3連複 11210 円
	3着⑦マイネルレオーネ	（6番人気）	3連単 83310 円

注目サイン！

正逆110番が連対中
22年は3番人気ゼノヴァースが2着

18年　正110番タイセイドリーム　2着
19年　正110番ブライトクォーツ　2着
20年　正110番メイショウダッサイ　1着
　　　逆110番ケンホファヴァルト　2着
21年　逆110番オジュウチョウサン　1着
22年　正110番ゼノヴァース　2着

五十嵐雄祐騎手の42隣馬が3着以内
今のところ、1着はナシ

18年　＋42馬マイネルプロンプト　3着
19年　＋42馬ブライトクォーツ　2着
20年　＋42馬タガノエスプレッソ　3着
22年　－42馬ゼノヴァース　2着
　　　＋42馬マイネルレオーネ　3着

※17年から継続中。21年は同騎手の騎乗ナシ。

植野貴也騎手の隣枠が3着以内
22年は5番人気ニシノデイジーが優勝

19年　－1枠ブライトクォーツ　2着
20年　＋1枠タガノエスプレッソ　3着
21年　＋1枠オジュウチョウサン　1着
22年　＋1枠ニシノデイジー　1着

※他に「北沢伸也騎手の14隣馬が3着以内」「大江原圭騎手の4隣馬が3着以内」「石神深一騎手の27隣馬が3着以内」も継続中。

前走⑥番ゲート馬自身か、その隣馬が連対中
20年はワンツースリー、3連単3万馬券！

19年　シングンマイケル　自身1着
20年　メイショウダッサイ　自身1着
　　　アズマタックン　隣馬ケンホファヴァルト2着
　　　ブライトクォーツ　隣馬タガノエスプレッソ3着
21年　タガノエスプレッソ　隣馬オジュウチョウサン1着
22年　テイエムチューハイ　隣馬ニシノデイジー1着
　　　　　　　　　　　　　隣馬ゼノヴァース2着

GI 有馬記念

当たり馬番は連動する!

2023年12月24日　中山芝2500m（３歳上）

正逆 10番 16番

阪神ＪＦ		有馬記念		
2018 年【逆 10 番】2着	→	2019 年【正 10 番】	サートゥルナーリア	2着
2019 年【逆8番】 2着	→	2020 年【逆8番】	クロノジェネシス	1着
2020 年【逆 12 番】2着	→	2021 年【逆 12 番】	ディープボンド	2着
2021 年【逆8番】 2着	→	2022 年【逆8番】	イクイノックス	1着
2022 年【逆 10 番】1着 【逆 16 番】2着	➡	2023 年【正逆 10 番、16 番】		

1	白1	アカイイト	キズナ	ウアジェト2勝	青鹿 55 牝5	幸	中竹	7650	22,542	岡浩二	辻牧場
2	白1	イズジョーノキセキ	エピファネイア	キングダンサー1勝	鹿 55 牝5	岩田康	石坂公	5150	16,034	泰一郎	沖田哲夫
3	黒2	ボルドグフーシュ	スクリーンヒーロー	ボルドグザグ仏	栗 55 牡3	福永	宮本	4500	12,040	社台ＲＨ	社台Ｆ
4	黒2	アリストテレス	エピファネイア	ブルーダイアモンド未勝	鹿 57 牡5	武豊	音無	8350	21,230	近藤英子	ノーザンＦ
5	赤3	ジェラルディーナ	モーリス	ジェンティルドンナ10勝	鹿 55 牝4	Ｃデムーロ	斉藤崇	13,100	29,320	サンデーＲ	ノーザンＦ
6	赤3	ヴェラアズール	エイシンフラッシュ	ヴェラブランカ2勝	青 57 牡5	松山	渡辺	25,750	54,410	キャロットＦ	白老Ｆ
7	青4	エフフォーリア	エピファネイア	ケイティーズハート3勝	鹿 57 牡4	横山武	鹿戸雄	34,800	69,510	キャロットＦ	ノーザンＦ
8	青4	ウインマイティー	ゴールドシップ	アオバコリン公	芦 55 牝5	和田竜	五十嵐	4000	12,510	ウイン	コスモヴュー
9	黄5	イクイノックス	キタサンブラック	シャトーブランシュ4勝	青鹿 55 牡3	ルメール	木村	19,300	38,500	シルクＲ	ノーザンＦ
10	黄5	ジャスティンパレス	ディープインパクト	パレスルーマー米	青鹿 55 牡3	マーカンド	杉山晴	5000	13,710	三木正浩	ノーザンＦ
11	緑6	ラストドラフト	ノヴェリスト	マルセリーナ4勝	黒鹿 57 牡6	三浦	戸田	4250	14,410	社台ＲＨ	社台Ｆ
12	緑6	ポタジェ	ディープインパクト	ジンジャーパンチ米	鹿 57 牡5	吉田隼	友道	14,600	35,800	金子真人ＨＤ	ノーザンＦ
13	橙7	タイトルホルダー	ドゥラメンテ	メーヴェ5勝	鹿 57 牡4	横山和	栗田徹	35,250	74,600	山田弘	岡田Ｓ
14	橙7	ボッケリーニ	キングカメハメハ	ポップコーンジャズ1勝	栗 57 牡6	浜中	池江寿	10,800	28,420	金子真人ＨＤ	ノーザンＦ
15	桃8	ブレークアップ	ノヴェリスト	リトルジュン未勝	栗 57 牡4	戸崎圭	黒岩	5250	12,390	阿部東亜子	谷川牧場
16	桃8	ディープボンド	キズナ	ゼフィランサス3勝	青鹿 57 牡5	川田	大久保龍	23,200	54,426	前田晋二	村田牧場

2022 年 有馬記念			
	1着⑨イクイノックス	（1番人気）	馬連 1320 円
	2着③ボルドグフーシュ	（6番人気）	3連複 2520 円
	3着⑤ジェラルディーナ	（3番人気）	3連単 9740 円

注目サイン！

ATTENTION ノーザンファーム生産の牝馬が3着以内
近年顕著な傾向、22年はジェラルディーナが3着

19年	リスグラシュー	1着
20年	クロノジェネスス	1着
	サラキア	2着
21年	クロノジェネシス	3着
22年	ジェラルディーナ	3着

ATTENTION 正逆7番か8番が連対中
1年ごとに交互に来ている。23年は正逆7番？

18年	正8番ブラストワンピース	1着
19年	逆7番サートゥルナーリア	2着
20年	逆8番クロノジェネシス	1着
21年	逆7番エフフォーリア	1着
22年	逆8番イクイノックス	1着

ATTENTION 外国人騎手が3着以内
といっても、ほとんどルメさんですが……

10年	M・デムーロ	1着
	C・スミヨン	2着
11年	C・ルメール	2着
12年	C・ルメール	2着
13年	R・ムーア	3着
14年	W・ビュイック	2着
15年	M・デムーロ	2着
16年	C・ルメール	1着
17年	C・ルメール	2着
18年	C・ルメール	2着
19年	D・レーン	1着
	C・スミヨン	2着
20年	C・ルメール	3着
21年	C・ルメール	3着
22年	C・ルメール	1着
	C・デムーロ	3着

注目サイン！

ATTENTION ファン投票1位馬の2隣枠が連対中
20年は11番人気サラキア2着で馬連万馬券！

18年	レイデオロ	−2枠ブラストワンピース	1着
19年	アーモンドアイ	−2枠リスグラシュー	1着
20年	クロノジェネシス	＋2枠サラキア	2着
21年	エフフォーリア	−2枠ディープボンド	2着
22年	タイトルホルダー	−2枠イクイノックス	1着

ATTENTION 3番人気の枠が3着以内
18、20、21年は優勝馬を輩出

15年	キタサンブラック	3着
16年	キタサンブラック	2着
17年	シュヴァルグラン	3着
18年	ブラストワンピース	1着
19年	サートゥルナーリア	2着
20年	クロノジェネシス	1着
21年	エフフォーリア	1着
22年	ジェラルディーナ	3着

ATTENTION C・ルメール騎手の枠
といっても、ここもほとんどルメさん自身ですが……

11年	エイシンフラッシュ	2着
12年	オーシャンブルー	2着
13年	ゴールドシップ	3着
15年	キタサンブラック	3着
16年	サトノダイヤモンド	1着
17年	クイーンズリング	2着
18年	レイデオロ	2着
19年	サートゥルナーリア	2着
20年	サラキア	2着
21年	クロノジェネシス	3着
22年	イクイノックス	1着

※14年は同騎手の騎乗ナシ。

注目サイン！

ATTEN TION

前走７番人気馬自身か、その隣馬が連対中
22年はワンツーで馬連1320円

19年	フィエールマン	隣馬リスグラシュー1着
20年	オセアグレイト	隣馬サラキア2着
21年	ディープボンド	自身2着
22年	ウインマイティー	隣馬イクイノックス1着
	ボルドグフーシュ	自身2着

ATTEN TION

当日１番人気馬自身か、その隣馬が連対中
ほとんどが自身、しかも１着

16年	サトノダイヤモンド	自身1着
17年	キタサンブラック	自身1着
18年	レイデオロ	自身2着
19年	アーモンドアイ	隣馬2着
20年	クロノジェネシス	自身1着
21年	エフフォーリア	自身1着
22年	イクイノックス	自身1着

GⅠ ホープフルS

当たり馬番は連動する!

2023年12月28日　中山芝2000m（２歳）

正逆 7番 12番

目黒記念			ホープフルS	
2019年【逆9番】	2着	→ 2019年【逆9番】	ヴェルトライゼンデ	2着
2020年【逆15番】	2着	→ 2020年【逆15番】	オーソクレース	2着
2021年【正8番】	2着	→ 2021年【正8番】	ジャスティンパレス	2着
2022年【逆11番】	2着	→ 2022年【正11番】	ドゥラエレーデ	1着
2023年【正7番】	2着	➡ 2023年	【正逆7番、12番】	
【逆12番】	2着			

馬番	枠	馬名	父	母	斤量	騎手	調教師	賞金	馬主	生産者
1	白1	ファントムシーフ	ハービンジャー	ルパンⅡ米	55 牡2	福永	西村	1000	ターフS	谷川牧場
2	白1	ハーツコンチェルト	ハーツクライ	ナスノシベリウス3勝	55 牡2	松山	武井	400	グリーンファーム	ハシモトF
3	黒2	シーウィザード	ビーチパトロール	メリーウェザー未勝	55 牡2	浜中	鹿戸雄	1000	岡田牧雄	シンボリ牧場
4	黒2	セレンディピティ	ドゥラメンテ	ジェラシー2勝	55 牡2	武豊	音無	400	近藤英子	ノーザンF
5	赤3	フェイト	リアルスティール	サンタフェチーフ3勝	55 牡2	坂井	矢作	400	藤田晋	ノーザンF
6	赤3	グリューネグリーン	ラブリーデイ	レディーダービー未勝	55 牡2	Mデムーロ	相沢	2000	斎藤光政	本間牧場
7	青4	ボーンイングランデ	サトノクラウン	シェアザジョイフル1勝	55 牡2	斎藤	吉田	400	グランデオーナーズ	グランデF
8	青4	トップナイフ	デクラレーションオブウォー	ビーウインド未勝	55 牡2	横山典	昆	1800	安原浩司	[illegible]牧場
9	黄5	セブンマジシャン	ジャスタウェイ	ハピネスダンサー5勝	55 牡2	Cデムーロ	高野	900	前迫義幸	ノーザンF
10	黄5	ガストリック	ジャスタウェイ	エーシンエポナ3勝	55 牡2	三浦	上原博	2300	前田幸治	栄進牧場
11	緑6	ドゥラエレーデ	ドゥラメンテ	マルケッサ未勝	55 牡2	ムルザバエフ	池添学	400	スリーエイチR	ノーザンF
12	緑6	モンドブリューム	サトノダイヤモンド	エリモフェザー4勝	55 牡2	横山和	水野	900	落合幸弘	岡田S
13	橙7	ヴェルテンベルク	キタサンブラック	マルカアイチャン2勝	55 牡2	横山武	宮本	400	吉田照哉	社台F
14	橙7	ジェイパームス	ジャスタウェイ	キラーグレイシス米	55 牡2	イーガン	堀	400	エムズR	ノーザンF
15	橙7	キングズレイン	ルーラーシップ	タッチングスピーチ3勝	55 牡2	ルメール	手塚	900	サンデーR	ノーザンF
16	桃8	スカパラダイス	シルバーステート	ファミリーソング未勝	55 牡2	今村	寺島	400	トライスターR	ヒカル牧場
17	桃8	ジュンツバメガエシ	ジャスタウェイ	アドマイヤテレサ5勝	55 牡2	石川	友道	400	河合純二	ノーザンF
18	桃8	ミッキーカプチーノ	エピファネイア	スティールパス6勝	55 牡2	戸崎圭	矢作	900	野田みづき	千代田牧場

2022年ホープフルS			
	1着⑪ドゥラエレーデ	（14番人気）	馬連 64580円
	2着⑧トップナイフ	（7番人気）	3連複 232970円
	3着⑮キングズレイン	（6番人気）	3連単 2466010円

注目サイン！

C・デムーロ騎手の42隣馬が3着以内
今のところ＋42馬のみ、23年の来日も期待

14年 ＋42馬シャイニングレイ 1着
17年 ＋42馬ジャンダルム 2着
18年 ＋42馬ニシノデイジー 3着
21年 ＋42馬キラーアビリティ 1着
22年 ＋42馬キングズレイン 3着
※15、16、19、20年は同騎手の騎乗ナシ。

三浦皇成騎手の31隣馬が3着以内
22年は6番人気キングズレインが3着、大波乱！

17年 －31馬タイムフライヤー 1着
18年 －31馬サートゥルナーリア 1着
19年 －31馬ヴェルトライゼンデ 2着
20年 －31馬ヨーホーレイク 3着
21年 ＋31馬キラーアビリティ 1着
22年 －31馬キングズレイン 3着

武豊騎手の68隣馬が連対中
22年は7番人気トップナイフが2着激走！

17年 ±68馬ジャンダルム 2着
20年 ＋68馬ダノンザキッド 1着
21年 ＋68馬ジャスティンパレス 2着
22年 －68馬トップナイフ 2着
※18、19年は同騎手の騎乗ナシ。

C・ルメール騎手の104隣馬が3着以内
22年はアッと驚く14番人気ドゥラエレーデが優勝！

17年 ＋104馬ステイフーリッシュ 3着
18年 ±104馬アドマイヤジャスタ 2着
19年 ±104馬ワーケア 3着
20年 －104馬ヨーホーレイク 3着
21年 ＋104馬キラーアビリティ 1着
22年 ＋104馬ドゥラエレーデ 1着

注目サイン！

馬名頭文字か末尾が「フ」馬自身か、その隣馬が3着以内
21年は8番人気ラーグルフが3着、3連単2万馬券

17年	ワークアンドラブ	隣馬ジャンダルム2着
		隣馬ステイフーリッシュ3着
18年	ブレイキングドーン	隣馬ニシノデイジー3着
19年	ブラックホール	隣馬コントレイル1着
21年	ラーグルフ	自身3着
22年	トップナイフ	自身2着

※「ブ」も対象。20年は該当馬の出走ナシ。

前走4番人気馬の隣馬が3着以内
近5年はアタマがナシの2、3着付け

16年	サングレーザー	隣馬グローブシアター	3着
17年	マイハートビート	隣馬タイムフライヤー	1着
18年	ブレイキングドーン	隣馬ニシノデイジー	3着
19年	クリノブレーヴ	隣馬ワーケア	3着
20年	セイハロートゥユー	隣馬オーソクレース	2着
21年	ボーンディスウェイ	隣馬ジャスティンパレス	2着
22年	ボーンイングランデ	隣馬トップナイフ	2着

前走④番ゲート馬自身か、その隣馬が3着以内
近4年は自身が大駆け

18年	コスモカレンドゥラ	隣馬ニシノデイジー3着
19年	ヴェルトライゼンデ	自身2着
20年	ヨーホーレイク	自身3着
21年	キラーアビリティ	自身1着
22年	トップナイフ	自身2着

GI フェブラリーS

当たり馬番は連動する!

2024年1回東京　東京ダ1600m（4歳上）

正逆　3番 9番

CBC賞	フェブラリーS		
2019年【逆5番】　1着 →	2020年【逆5番】	モズアスコット	1着
2020年【逆14番】1着 →	2021年【逆14番】	カフェファラオ	1着
2021年【逆11番】1着 →	2022年【逆11番】	カフェファラオ	1着
2022年【逆10番】2着 →	2023年【逆10番】	レモンポップ	1着
2023年【逆3番】　1着 【逆9番】　2着 ➡	2024年【正逆3番、9番】		

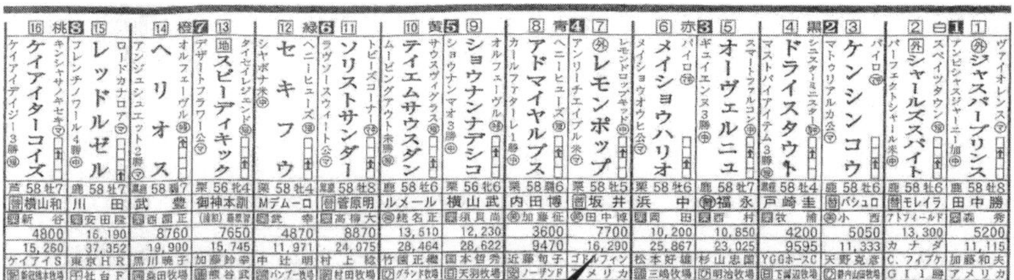

馬番	枠	父	馬名	母	毛色・斤量・性齢	騎手	調教師			馬主	生産者
1	白1	ヴァイオレンス	㊉ジャスパープリンス	アンビシャスジャーニー 加	鹿 58 牡8	田中勝	森秀	5200	11,115	加藤和夫	アメリカ
2	白1	スペイツタウン	外 シャールズスパイト	パーフェクトシャール 米	鹿 58 牡6	モレイラ	アトフィールド	13,300	カナダ	C.フィプケ	GI1勝
3	黒2	パイロ	ケンシンコウ	マトゥリアルカ 公	鹿 58 牡6	バシュロ	小西	5050	11,333	天野克彦	静内山田牧場
4	黒2	シニスターミニスター	ドライスタウト	マストバイアイテム 3勝	黒鹿 58 牡4	戸崎圭	牧浦	4200	9595	YGGホースC	下河辺牧場
5	赤3	スマートファルコン	オーヴェルニュ	ギュイエンヌ 3勝	鹿 58 牡7	福永	西村	10,850	23,025	杉山忠国	明治牧場
6	赤3	パイロ	メイショウハリオ	メイショウオウヒ 公	栗 58 牡6	浜中	岡田	10,200	25,867	松本好雄	三嶋牧場
7	青4	レモンドロップキッド	㊉レモンポップ	アンリーチエイブル 米	栗 58 牡5	坂井	田中博	7700	16,290	ゴドルフィン	アメリカ
8	青4	ヘニーヒューズ	アドマイヤルプス	カールファターレ 1勝	栗 58 騸6	内田博	加藤征	3600	9470	近藤旬子	ノーザンF
9	黄5	オルフェーヴル	ショウナンナデシコ	ショウナンマオ 3勝	栗 56 牝6	横山武	須貝尚	12,230	28,622	国本哲秀	天羽牧場
10	黄5	サウスヴィグラス	テイエムサウスダン	ムービングアウト 未勝	鹿 58 牡6	ルメール	[illegible]	13,510	28,464	竹園正繼	グランド牧場
11	緑6	トビーズコーナー	ソリストサンダー	ラヴソースウィート 公	黒鹿 58 牡8	菅原明	高柳大	8870	24,075	村上稔	村田牧場
12	緑6	ヘニーヒューズ	セキフウ	シャボナ 米	栗 58 牡4	Mデムーロ	武幸	4870	11,971	中辻明	パンブー牧場
13	橙7	タイセイレジェンド	地 スピーディキック	デザートフラワー 公	栗 56 牝4	御神本訓	（浦和）藤原智	7650	15,745	加藤鈴幸	[illegible]
14	橙7	オルフェーヴル	ヘリオス	アンジュシュエット 2勝	黒鹿 58 騸7	武豊	西園正	8760	19,900	黒川暁子	桑田牧場
15	桃8	ロードカナロア	レッドルゼル	フレンチノワール 4勝	鹿 58 牡7	川田	安田隆	16,190	37,352	東京HR	社台F
16	桃8	キンシャサノキセキ	ケイアイターコイズ	ケイアイデイジー 3勝	芦 58 牡7	横山和	新谷	4800	15,260	ケイアイS	新冠橋本牧場

2023年フェブラリーS			
1着⑦レモンポップ	（1番人気）	馬連 970円
2着⑮レッドルゼル	（3番人気）	3連複 2630円
3着⑥メイショウハリオ	（4番人気）	3連単 7700円

注目サイン！

根岸S連対馬が3着以内
23年はレモンポップが根岸Sから連勝

16年	モーニン	1着（前走・根岸S1着）
17年	ベストウォーリア	2着（前走・根岸S2着）
	カフジテイク	3着（前走・根岸S1着）
18年	ノンコノユメ	1着（前走・根岸S1着）
19年	ユノライト	3着（前走・根岸S2着）
20年	モズアスコット	1着（前走・根岸S1着）
21年	ワンダーリーデル	3着（前走・根岸S2着）
22年	テイエムサウスダン	2着（前走・根岸S1着）
23年	レモンポップ	1着（前走・根岸S1着）

正逆2番か3番が連対中
23年は3番人気レッドルゼルが2着

16年	逆3番モーニン	1着
17年	正3番ゴールドドリーム	1着
18年	逆3番ゴールドドリーム	2着
19年	正3番ゴールドドリーム	2着
20年	逆2番ケイティブレイブ	2着
21年	正3番カフェファラオ	1着
22年	逆2番テイエムサウスダン	2着
23年	逆2番レッドルゼル	2着

C・ルメール騎手の2隣枠が3着以内
22年は2番人気カフェファラオが連覇

20年	＋2枠ケイティブレイブ	2着
21年	＋2枠ワンダーリーデル	3着
22年	＋2枠カフェファラオ	1着
23年	－2枠メイショウハリオ	3着

前走4着馬自身か、その隣馬が3着以内
今のところ、アタマはナシの2、3着付け傾向

20年	ミューチャリー	隣馬ケイティブレイブ2着
21年	アルクトス	隣馬ワンダーリーデル3着
22年	ミューチャリー	隣馬ソダシ3着
23年	レッドルゼル	自身2着

注目サイン！

戸崎圭太騎手の18隣馬が３着以内
これまたアタマはナシの２、３着付け

18年	－18馬ゴールドドリーム	2着
19年	－18馬ゴールドドリーム	2着
22年	＋18馬テイエムサウスダン	2着
	－18馬ソダシ	3着
23年	＋18馬メイショウハリオ	3着

※20、21年は同騎手の騎乗ナシ。

川田将雅騎手の３隣枠が３着以内
またまたアタマはナシの２、３着付け

21年	－3枠エアスピネル	2着
22年	－3枠テイエムサウスダン	2着
	＋3枠ソダシ	3着
23年	＋3枠メイショウハリオ	3着

前走①番ゲート馬自身か、その隣馬が３着以内
ケイティブレイブ、ワンダーリーデルなど穴馬輩出

19年	クインズサターン	隣馬ユラノト3着
20年	ケイティブレイブ	自身2着
21年	ワンダーリーデル	自身3着
	ワイドファラオ	隣馬ワンダーリーデル3着
22年	ソダシ	自身3着
23年	レッドルゼル	自身2着

馬名末尾「ル」馬自身か、その隣馬が３着以内
20、22年はワンツーフィニッシュ

20年	デルマルーヴル	隣馬モズアスコット1着
	ワンダーリーデル	隣馬ケイティブレイブ2着
21年	エアスピネル	自身2着
	ワンダーリーデル	自身3着
22年	レッドルゼル	隣馬カフェファラオ1着
	エアスピネル	隣馬テイエムサウスダン2着
23年	レッドルゼル	自身2着

第3章 2023年サウジアラビアRC～阪神C

GⅡ・GⅢ【連対馬】的中予言

GIII サウジアラビアRC

2023年10月7日　東京芝1600m（2歳）

当たり馬番は連動する!

正逆 7番 9番

クイーンC	サウジアラビアRC
2019 年【正6番】2着	→ 2019 年【正6番】クラヴァシュドール　2着
2020 年【正9番】2着	→ 2020 年【正9番】ステラヴェローチェ　1着
2021 年【正6番】1着	→ 2021 年【正6番】コマンドライン　1着
2022 年【正9番】2着	→ 2022 年【逆9番】グラニット　2着
2023 年【正9番】1着 【正7番】2着	➡ 2023 年 **【正逆7番、9番】**

枠	白1	黒2	赤3	青4	黄5	緑6	橙7	桃8	桃8
馬番	1	2	3	4	5	6	7	8	9
父	ダノンバラード(中)	ビッグアーサー(短)	キンシャサノキセキ(マ)	ルーラーシップ(持)	モーリス(マ中)	ドレフォン(短)	ルーラーシップ(持)	シルバーステート(マ中)	モーリス(マ中)
馬名	グラニット	ブーケファロス	ミシェラドラータ	マイネルケレリウス	ノッキングポイント	レッドソリッド	ドルチェモア	シルヴァーデューク	フロムナウオン
母	インティワタナ1勝(マ)	クラウンデュナミス1勝(短)	クリールソレイユ未勝(短)	マイネカンナ4勝(中)	チェッキーノ3勝(中)	ステレオグラム未勝(マ)	アユサン2勝(マ)	ヴァナディース1勝(マ)	アドマイヤキュート3勝(中)
毛色・斤量・性齢	鹿 55 牡2	鹿 55 牡2	鹿 55 牡2	鹿 55 牡2	栗 55 牡2	鹿 55 牡2	鹿 55 牡2	鹿 55 牡2	鹿 55 牡2
騎手	嶋田	菅原明	替 大野	石川	ルメール	替 三浦	横山和	替 戸崎圭	津村
調教師	美 大和田	美 清水英	栗 清水久	美 奥村武	美 木村	栗 音無	栗 須貝尚	栗 西村	美 手塚
賞金	400	400	400	400	400	400	400	400	400
馬主	ミルF	矢野まり子	福盛訓之	ラフィアン	サンデーR	東京HR	スリーエイチR	田畑利彦	平田、修
生産者	猿橋義昭	クラウン日高牧場	丸村村下F	ビッグレッドF	ノーザンF	社台F	下河辺牧場	沖田博志	ノーザンF

2022年サウジアラビアRC			
2022 年	1着⑦ドルチェモア	（2番人気）	馬連 8800 円
サウジアラ	2着①グラニット	（7番人気）	3連複 15130 円
ビアRC	3着⑧シルヴァーデューク	（3番人気）	3連単 129400 円

注目サイン！

前走最低着順（ビリ）馬の８隣馬が１着継続中
22年は２番人気ドルチェモアが優勝

19年　前走最低着順④番＋８馬③番サリオス　1着
20年　前走最低着順①番±８馬⑨番ステラヴェローチェ　1着
21年　前走最低着順⑤番＋８馬⑥番コマンドライン　1着
22年　前走最低着順⑥番－８馬⑦番ドルチェモア　1着

正逆52番が連対中
20年は３番人気ステラヴェローチェが優勝

16年　正52番ダンビュライト　2着
17年　正52番ステルヴィオ　2着
18年　正52番グランアレグリア　1着
19年　逆52番サリオス　1着
20年　逆52番ステラヴェローチェ　1着
21年　正52番ステルナティーア　2着
22年　正52番ドルチェモア　1着

前走新潟以外の新馬１着馬が１着継続中
ほとんどが人気になるが逆らえない鉄則

17年　ダノンプレミアム　1着（前走・阪神芝1800m1着）
18年　グランアレグリア　1着（前走・東京芝1600m1着）
19年　サリオス　1着（前走・東京芝1600m1着）
20年　ステラヴェローチェ　1着（前走・阪神芝1600m1着）
21年　コマンドライン　1着（前走・東京芝1600m1着）
22年　ドルチェモア　1着（前走・札幌芝1500m1着）

戸崎圭太騎手の47隣馬が連対中
22年は７番人気グラニットが２着で馬連8800円！

19年　－47馬クラヴァシュドール　2着
20年　＋47馬ステラヴェローチェ　1着
21年　＋47馬コマンドライン　1着
　　　－47馬ステルナティーア　2着
22年　＋47馬グラニット　2着

GII 毎日王冠

当たり馬番は連動する!

2023年10月8日　東京芝1800m(３歳上)

正逆 8番 11番

ホープフルS	毎日王冠		
2018 年【正8番】 2着	→ 2019 年【逆8番】	アエロリット	2着
2019 年【正5番】 2着	→ 2020 年【正5番】	ダイワキャグニー	2着
2020 年【正1番】 2着	→ 2021 年【正1番】	シュネルマイスター	1着
2021 年【正8番】 2着	→ 2022 年【逆8番】	サリオス	1着
2022 年【正 11 番】1着 【正8番】 2着	➡ 2023 年	【正逆8番、11 番】	

	10 桃8	9	8 橙7	7	緑6	黄5	青4	赤3	黒2	白1
父	ハービンジャー(帳)	エピファネイア(帳)	ロードカナロア(マ)	ドゥラメンテ(帳)	ディープインパクト(帳)	ディープインパクト(帳)	ジャスタウェイ(中)	ハーツクライ(帳)	モーリス(マ)	ディープインパクト(帳)
馬名	ハッピーアワー	ジャスティンカフェ	キングオブコージ	キングストンボーイ	ポタジェ	レイパパレ	ダノンザキッド	サリオス	ノースブリッジ	レッドベルオーブ
母	サクセスシルエット2勝(中)	カジノブギ1勝(マ)	ファイノメナ愛(帳)	ダイワパッション4勝(短)	ジンジャーパンチ米(中)	シェルズレイ3勝(中)	エピックラヴ愛(中)	サロミナ独(中)	アメージングムーン1勝(短)	レッドファンタジア未勝(短)
斤量	鹿 56 牡6	鹿 56 牡4	鹿 57 牡6	鹿 56 牡4	鹿 58 牡5	鹿 55 牝5	鹿 56 牡4	栗 56 牡5	鹿 56 牡4	青鹿 56 牡4
騎手	替川又	替福永	替横山武	替ルメール	吉田隼	川田	替戸崎圭	替松山	岩田康	幸
調教師	栗杉山佳	栗安田翔	栗安田翔	美鹿戸雄	栗友道	栗高野	栗安田隆	美堀	美奥村武	栗藤原英
	3100	2400	8350	2000	14,600	16,550	5500	15,050	4550	3500
	7710	6980	19,160	6310	35,800	37,780	17,590	40,704	10,300	8790
馬主	高嶋祐子	三木正浩	増田和啓	吉田和美	金子真人HD	キャロットF	ダノックス	シルクR	井山登	東京HR
生産者	浦吉田F	千社台F	新白老F	ひ田上徹	安ノーザンF	安ノーザンF	安ノーザンF	安ノーザンF	新村田牧場	安ノーザンF

2022 年
毎日王冠

1着③サリオス	(1番人気)	馬連 970 円
2着⑨ジャスティンカフェ	(3番人気)	3連複 2110 円
3着④ダノンザキッド	(4番人気)	3連単 8690 円

注目サイン！

ATTENTION 正逆313番が３着以内
近４年は正313番で連対中

15年	逆313番エイシンヒカリ	1着
16年	正313番ヒストリカル	3着
17年	逆313番サトノアラジン	2着
18年	正313番キセキ	3着
19年	正313番アエロリット	2着
20年	正313番ダイワキャグニー	2着
21年	正313番シュネルマイスター	1着
22年	正313番サリオス	1着

ATTENTION 前走～記念出走馬が３着以内
21年はワンツー、警戒すべし

16年	アンビシャス	2着（前走・宝塚記念）
17年	リアルスティール	1着（前走・中山記念）
18年	アエロリット	1着（前走・安田記念）
19年	インディチャンプ	3着（前走・安田記念）
20年	サンレイポケット	3着（前走・新潟記念）
21年	シュネルマイスター	1着（前走・安田記念）
	ダノンキングリー	2着（前走・安田記念）
22年	サリオス	1着（前走・安田記念）
	ダノンザキッド	3着（前走・関屋記念）

※他に「同年安田記念最先着馬自身か、その隣馬が連対」も継続中。

ATTENTION 正逆18番が３着以内
6／7で逆18番が馬券になっている

16年	逆18番アンビシャス	2着
17年	逆18番グレーターロンドン	3着
18年	逆18番アエロリット	1着
19年	逆18番アエロリット	2着
20年	逆18番ダイワキャグニー	2着
21年	正18番ポタジェ	3着
22年	逆18番サリオス	1着

GII 京都大賞典

当たり馬番は連動する!

2023年10月9日　阪神芝2400m（3歳上）

正逆 1番 9番

オーシャンS		京都大賞典		
2019年【正14番】2着	→	2019年【正14番】	ダンビュライト	2着
2020年【正2番】　1着	→	2020年【正2番】	キセキ	2着
2021年【正7番】　1着	→	2021年【逆7番】	マカヒキ	1着
2022年【正10番】2着	→	2022年【正10番】	ヴェラアズール	1着
2023年【正9番】　1着 【正1番】　2着	➡	2023年	【正逆1番、9番】	

馬番	枠	馬名	父	母・母の成績	毛色・斤量・性齢	騎手	厩舎	賞金	総賞金	馬主	生産者
1	白1	アフリカンゴールド	ステイゴールド	ブリクセン 米	栗 57 騸7	国分恭	西園正	6300	16,775	ゴドルフィン	ダーレージャパンF
2	黒2	ボッケリーニ	キングカメハメハ	ポップコーンジャズ 1勝	栗 57 牡6	浜中	池江寿	9450	25,720	金子真人HD	ノーザンF
3	赤3	アリストテレス	エピファネイア	ブルーダイアモンド 未勝	鹿 56 牡5	替 鮫島駿	音無	8350	21,230	近藤英子	ノーザンF
4	赤3	ヒンドゥタイムズ	ハービンジャー	マハーバーラタ 1勝	鹿 56 騸6	替 団野	斉藤崇	4650	14,040	シルクR	ノーザンF
5	青4	レッドガラン	ロードカナロア	ダンスオンザルーフ 未勝	鹿 56 牡7	岩田康	安田隆	8100	20,980	東京HR	社台F
6	青4	アイアンバローズ	オルフェーヴル	パレスルーマー 米	鹿 56 牡5	替 岩田望	上村	5000	14,130	猪熊広次	ノーザンF
7	黄5	キングオブドラゴン	ハーツクライ	ベガスナイト 3勝	黒鹿 56 牡5	替 川田	矢作	2400	9847	窪田芳郎	社台F
8	黄5	ディアスティマ	ディープインパクト	スウィートリーズン 米	青鹿 56 牡5	替 北村友	高野	3800	9580	サンデーR	ノーザンF
9	緑6	(外)ユニコーンライオン	ノーネイネヴァー	ムラフカ 愛	黒鹿 56 牡6	坂井	矢作	7450	17,580	ライオンRH	アイルランド
10	緑6	ヴェラアズール	エイシンフラッシュ	ヴェラブランカ 2勝	青 56 牡5	替 松山	渡辺	2400	7710	キャロットF	白老F
11	橙7	ウインマイティー	ゴールドシップ	アオバコリン 公	芦 54 牝5	和田竜	五十嵐	4000	10,810	ウイン	コスモヴューF
12	橙7	マイネルファンロン	ステイゴールド	マイネテレジア 1勝	青鹿 56 牡7	Mデムーロ	手塚	6500	19,986	ラフィアン	ビッグレッドF
13	桃8	ディバインフォース	ワークフォース	ツクバビューティ 未勝	鹿 57 牡6	池添	寺島	4600	15,000	吉田晴哉	追分F
14	桃8	ディアマンミノル	オルフェーヴル	イソノスワロー 未勝	栗 56 牡5	荻野極	本田	3600	12,631	吉岡實	村下農場

2022年 京都大賞典

1着⑩ヴェラアズール　（2番人気）
2着②ボッケリーニ　（1番人気）
3着⑪ウインマイティー　（3番人気）

馬連 1250円
3連複 3000円
3連単 14890円

注目サイン！

ATTENTION
センン馬か、その隣馬が連対中
5/6で隣馬が馬券になっている

16年　ファタモルガーナ　　隣馬キタサンブラック1着
17年　フェイムゲーム　　隣馬トーセンバジル2着
19年　ドレッドノータス　　自身1着
20年　ダンビュライト　　隣馬キセキ2着
21年　ダンビュライト　　隣馬マカヒキ1着
22年　アフリカンゴールド　　隣馬ボッケリーニ2着
※18年は該当馬の出走ナシ。

ATTENTION
当日1番人気馬の－70隣馬が3着以内
22年は1番人気ボッケリーニが2着

15年　－70隣馬ラブリーデイ　　1着
16年　－70隣馬キタサンブラック　　1着
17年　－70隣馬トーセンバジル　　2着
18年　－70隣馬レッドジェノヴァ　　2着
19年　－70隣馬ダンビュライト　　2着
20年　－70隣馬キングオブコージ　　3着
21年　－70隣馬アリストテレス　　2着
22年　－70隣馬ポッケリーニ　　2着

ATTENTION
川田将雅騎手の79隣馬が3着以内
1着ナシ、ほとんどが＋79馬で2着の極端傾向

14年　＋79馬トーセンラー　　3着
15年　＋79馬サウンズオブアース　　2着
16年　＋79馬アドマイヤデウス　　2着
18年　＋79馬レッドジェノヴァ　　2着
20年　－79馬キセキ　　2着
22年　＋79馬ボッケリーニ　　2着
※17、19、21年は同騎手の騎乗ナシ。他に「M・デムーロ騎手の隣馬が3着以内」も継続中。

GII 府中牝馬S

当たり馬番は連動する!

2023年10月14日　東京芝1800m（3歳上牝馬）

正逆 2番 7番

シンザン記念				府中牝馬S		
2019年	【逆11番】	1着	→	2019年【逆11番】	フロンテアクイーン	2着
2020年	【逆5番】	2着	→	2020年【逆5番】	サラキア	1着
2021年	【逆4番】	1着	→	2021年【正4番】	アンドラステ	2着
2022年	【逆6番】	1着	→	2022年【正6番】	イズジョーノキセキ	1着
2023年	【逆7番】	1着	➡	2023年 **【正逆2番、7番】**		
	【逆2番】	2着				

枠	馬番	父	馬名	母（母の成績）	毛色 斤量 性齢	騎手	厩舎	賞金	総賞金	馬主	生産者
白1	1	キングカメハメハ	アンドヴァラナウト	グルヴェイグ5勝	54 牝4	福永	池添学	4600	12,250	サンデーR	ノーザンF
黒2	2	クロフネ	ソダシ	ブチコ4勝	白 56 牝4	吉田隼	須貝尚	22,100	47,400	金子真人HD	ノーザンF
黒2	3	マンハッタンカフェ	ローザノワール	ダノンスズラン公	54 牝6	田中勝	西園正	3800	11,687	渡邉直樹	下河辺牧場
赤3	4	オルフェーヴル	ホウオウピースフル	ツルマルワンピース3勝	栗 54 牝5	丸田	大竹	3150	7510	小笹芳央	ノーザンF
赤3	5	オルフェーヴル	クリノプレミアム	ダンシングクイーン1勝	栗 54 牝5	松岡	伊藤伸	5100	13,266	栗本博晴	吉田F
青4	6	エピファネイア	イズジョーノキセキ	キングダンサー1勝	鹿 54 牝5	岩田康	石坂公	2400	10,534	泉一郎	神田哲夫
青4	7	ディープインパクト	ラヴユーライヴ	ラヴズオンリーミー米	鹿 54 牝5	戸崎圭	矢作	2400	7531	吉田勝己	ノーザンF
黄5	8	ディープインパクト	ライティア	シンハリーズ英	鹿 54 牝5	坂井	池添学	2400	8120	キャロットF	ノーザンF
黄5	9	キズナ	アプレイズ	エディン5勝	54 牝5	大野	池江寿	4100	8540	前田幸貴	ノースヒルズ
緑6	10	フランケル	サトノセシル	デューブ独	鹿 54 牝6	ルメール	堀	2250	7690	サトミホースC	イギリス
緑6	11	ディープインパクト	リアアメリア	リアアントニア米	54 牝5	藤岡佑	中内田	4600	11,070	シルクR	ノーザンF
橙7	12	スクリーンヒーロー	クールキャット	メジロトンキニーズ3勝	54 牝4	団野	奥村武	3000	6900	シルクR	レイクヴィラF
橙7	13	キングカメハメハ	ゴルトベルク	グルヴェイグ5勝	54 牝5	石川	手塚	2400	5980	サンデーR	ノーザンF
桃8	14	ハーツクライ	シャドウディーヴァ	ダイヤモンドディーバ英	55 牝6	北村友	斎藤誠	7000	19,260	スリーエイチR	ノーザンF
桃8	15	キズナ	アカイイト	ウアジェト2勝	56 牝5	幸	中竹	7650	20,542	岡浩二	辻牧場

2022年 府中牝馬S			
	1着⑥イズジョーノキセキ	（12番人気）	馬連 4040円
	2着②ソダシ	（1番人気）	3連複 8550円
	3着①アンドヴァラナウト	（3番人気）	3連単 92540円

注目サイン！

ATTEN TION

正逆246番が連対中
22年は12番人気、単勝3480円のイズジョーノキセキが激勝！

18年	正246番ディアドラ	1着
19年	正246番フロンテアクイーン	2着
20年	正246番シャドウディーヴァ	2着
21年	逆246番シャドウディーヴァ	1着
22年	正246番イズジョーノキセキ	1着

ATTEN TION

前走⑦番ゲート馬自身か、その隣馬が3着以内
20年はワンツーで馬連9350円！

18年	カワキタエンカ	隣馬リスグラシュー2着
19年	プリモシーン	隣馬ラッキーライラック3着
20年	ラヴズオンリーユー	隣馬サラキア1着
		隣馬シャドウディーヴァ2着
21年	マルターズディオサ	自身3着
22年	イズジョーノキセキ	自身1着

ATTEN TION

4枠が1着継続中
ここでもイズジョーノキセキ指名

18年	4枠ディアドラ	1着
19年	4枠スカーレットカラー	1着
20年	4枠サラキア	1着
21年	4枠シャドウディーヴァ	1着
22年	4枠イズジョーノキセキ	1着

ATTEN TION

当日1番人気馬の隣馬が3着以内
20年は7番人気サラキアが優勝！

19年	プリモシーン	隣馬ラッキーライラック	3着
20年	ラヴズオンリーユー	隣馬サラキア	1着
21年	マジックキャッスル	隣馬マルターズディオサ	3着
22年	ソダシ	隣馬アンドヴァラナウト	3着

GⅡ 富士S

2023年10月21日　東京芝1600m（3歳上）

当たり馬番は連動する！

正逆　1番　14番

クイーンS	富士S		
2018年【正9番】1着	→ 2019年【正9番】	レイエンダ	2着
2019年【逆2番】1着	→ 2020年【逆2番】	ラウダシオン	2着
2020年【正1番】1着	→ 2021年【正1番】	ソングライン	1着
2021年【逆4番】1着	→ 2022年【逆4番】	ソウルラッシュ	2着
2022年【正1番】1着 【逆14番】1着	➡ 2023年	【正逆1番、14番】	

白1	1	キングカメハメハ	エアロロノア	エアワンピース4勝	鹿 56 牡5	岩田望	笹田	5200	11,713	ラッキーF	社台F
白1	2	ロードカナロア	タイムトゥヘヴン	キストゥヘヴン5勝	鹿 56 牡4	福永	戸田	4300	11,927	DMMドリームC	オリオンF
黒2	3	エピファネイア	ノルカソルカ	ワイドロータス1勝	栗 56 牡5	内田博	藤岡健	2400	8687	幅田昌伸	下河辺牧場
黒2	4	キンシャサノキセキ	ルフトシュトローム	ハワイアンウインド3勝	鹿 56 騸5	横山和	堀	3600	7780	サンデーR	ノーザンF
赤3	5	ジャングルポケット	ピースワンパラディ	クリアソウル1勝	鹿 56 牡6	戸崎圭	大竹	4600	13,540	長谷川成利	高山牧場
赤3	6	キングカメハメハ	ダイワキャグニー	トリプレックス4勝	黒鹿 56 騸8	Mデムーロ	菊沢	9000	28,800	大城正一	社台F
青4	7	ルーラーシップ	アルサトワ	ポップアイコン3勝	鹿 56 牡5	横山武	斉藤崇	5200	9661	ドルフィン	ダーレージャパンF
青4	8	キングカメハメハ	アオイクレアトール	ハイエストホワイト1勝	芦 56 牡5	田辺	古賀慎	2400	7840	新谷幸義	社台F
黄5	9	ジャングルポケット	レインボーフラッグ	レインボーシーカー未勝	鹿 56 牡9	小牧太	小崎	2450	15,532	グリーンファーム	社台F
黄5	10	ダイワメジャー	セリフォス	シーフロント仏	栗 54 牡3	藤岡佑	中内田	5300	15,100	G1レーシング	追分F
緑6	11	ルーラーシップ	リレーションシップ	カラフルブラッサム3勝	鹿 56 牡5	石橋脩	須貝尚	2400	6135	吉田勝己	ノーザンF
緑6	12	リアルインパクト	ラウダシオン	アンティフォナ1勝	鹿 57 牡5	菅原明	斉藤崇	12,350	27,812	シルクR	白老F
橙7	13	ルーラーシップ	ソウルラッシュ	エターナルブーケ未勝	黒鹿 57 牡4	松山	池江寿	5350	10,960	石川達絵	下河辺牧場
橙7	14	ロードカナロア	ダノンスコーピオン	レキシールー加	鹿 56 牡3	川田	安田隆	9700	21,200	ダノックス	ケイアイF
桃8	15	スクリーンヒーロー	ピースオブエイト	トレジャーステイト3勝	黒鹿 54 牡3	三浦	奥村豊	2900	6160	シルクR	ノーザンF
桃8	16	キズナ	スマートリアン	スマートオーシャン1勝	鹿 54 牝5	ルメール	石橋	2400	11,075	大川徹	三嶋牧場

2022年 富士S			
	1着⑩セリフォス	（1番人気）	馬連 590円
	2着⑬ソウルラッシュ	（3番人気）	3連複 650円
	3着⑭ダノンスコーピオン	（2番人気）	3連単 2550円

注目サイン！

ATTENTION

3番人気馬が連対中
4／5で2着付けの傾向

18年　ワントゥワン　2着
19年　レイエンダ　2着
20年　ラウダシオン　2着
21年　ソングライン　1着
22年　ソウルラッシュ　2着

ATTENTION

内田博幸騎手の74隣馬が3着以内
21年は9番人気サトノウィザード2着激走！

18年　－74馬レッドアヴァンセ　3着
19年　－74馬レイエンダ　2着
20年　＋74馬ヴァンドギャルド　1着
21年　＋74馬サトノウィザード　2着
22年　＋74馬ソウルラッシュ　2着

ATTENTION

正逆35番と正逆52番で3着以内
21年はワンツーで馬連3340円！

19年　正52番ノームコア　1着
　　　逆35番レッドオルガ　3着
20年　正35番ラウダシオン　2着
　　　逆52番ケイアイノーテック　3着
21年　正35番ソングライン　1着
　　　逆52番サトノウィザード　2着
22年　逆52番ソウルラッシュ　2着
　　　逆35番ダノンスコーピオン　3着

ATTENTION

石橋脩騎手の15隣馬が連対中
今のところ、4年連続＋15隣馬

19年　＋15馬ノームコア　1着
20年　＋15馬ヴァンドギャルド　1着
21年　＋15馬サトノウィザード　2着
22年　＋15馬セリフォス　1着

GIII アルテミスS

当たり馬番は連動する!

2023年10月28日　東京芝1600m（２歳牝馬）

正逆　5番 11番

青葉賞	アルテミスS
2019 年【正2番】　1着	→ 2019 年【逆2番】サンクテュエール　2着
2020 年【正3番】　1着	→ 2020 年【逆3番】ソダシ　1着
2021 年【正2番】　1着	→ 2021 年【正2番】ベルクレスタ　2着
2022 年【正3番】　1着	→ 2022 年【正3番】リバティアイランド　2着
2023 年【正 11 番】1着 【逆5番】　1着	➡ 2023 年【正逆5番、11 番】

10 桃8	9	8 橙7	7	緑6	黄5	青4	赤3	黒2	白1
キタサンブラック(帳)	ジャスタウェイ(中)	ワンアンドオンリー(帳)	ダノンバラード(中)	キズナ(帳)	エピファネイア(帳)	レッドファルクス(マ)	ドゥラメンテ(帳)	リアルスティール(帳)	サトノクラウン(帳)
ラヴェル	マラキナイア	マスキュリン	ミシシッピテソーロ	アリスヴェリテ	ディンバランス	ディナトセレーネ	リバティアイランド	コウセイマリア	ニシノコウフク
サンブルエミューズ 3勝(マ)	カウアイレーン 5勝(マ)	エミナ3勝(短)	ハピネスフォーユー1勝(短)	ルミエールヴェリテ未勝(短)	ナッシングバットドリームズ英(中)	ダイワミランダ2勝(中)	ヤンキーローズ豪(中)	アズマガール未勝(マ)	ニシノマメフク未勝(中)
鹿 54 牝2	黒鹿 54 牝2	鹿 54 牝2	鹿 54 牝2	鹿 54 牝2	黒鹿 54 牝2	芦 54 牝2	鹿 54 牝2	鹿 54 牝2	黒鹿 54 牝2
替坂井	替松山	替石橋脩	木幡巧	替田辺	戸崎圭	横山武	川田	佐々木	三浦
栗矢作	栗吉岡	栗新谷	美畠山吉	栗中竹	栗杉山晴	美尾関	栗中内田	美和田雄	美伊藤大
400	400	400	1000	400	400	400	400	400	400
キャロットF	社台RH	ノースヒルズ	了徳寺健二HD	加藤誠	草間庸文	社台RH	サンデーR	杉安浩一郎	西山茂行
安ノーザンF	千社台F	新ノースヒルズ	日リョーケンF	新ノースヒルズ	千社台F	千社台F	安ノーザンF	日増尾牧場	新中山高鹿康

2022 年	1着⑩ラヴェル	（3番人気）	馬連 460 円
アルテミス	2着③リバティアイランド	（1番人気）	3連複 1810 円
S	3着⑥アリスヴェリテ	（6番人気）	3連単 14700 円

注目サイン！

ATTENTION

正逆243番と正逆253番が3着以内
22年は1番人気リバティアイランドが2着

17年　逆243番1着　正253番1着
18年　正243番1着　逆253番1着
19年　正243番1着　逆253番1着
20年　逆243番1着　正253番3着
21年　正243番3着　逆253番3着
22年　正243番2着　正253番2着

ATTENTION

田辺裕信騎手自身か、その隣馬が3着以内
22年は自身騎乗の6番人気アリスヴェリテが3着

18年　隣馬シェーングランツ1着
20年　隣馬ソダシ1着　自身テンハッピーローズ3着
21年　隣馬サークルオブライフ1着
22年　自身アリスヴェリテ3着
※13年から継続中。19年は同騎手の騎乗ナシ。

ATTENTION

戸崎圭太騎手の51隣馬が3着以内
21年は8番人気シゲルイワイザケ3着で3連単16万馬券！

17年	＋51馬	ラッキーライラック	1着
20年	－51馬	ソダシ	1着
21年	－51馬	シゲルイワイザケ	3着
22年	＋51馬	アリスヴェリテ	3着

※14年から継続中。18、19年は同騎手の騎乗ナシ。

ATTENTION

1番人気馬自身か、その隣馬が連対中
21年は7番人気サークルオブライフが優勝！

16年	リスグラシュー	自身1着
17年	トーセンブレス	隣馬ラッキーライラック1着
18年	グレイシア	隣馬シェーングランツ1着
19年	リアアメリア	自身1着
20年	ソダシ	自身1着
21年	フォラブリューテ	隣馬サークルオブライフ1着
22年	リバティアイランド	自身2着

※14年から継続中。

GⅡ スワンS

2023年10月28日　京都芝1400m（3歳上）

当たり馬番は連動する！

正逆 7番 14番

シルクロードS		スワンS		
2019年【逆17番】1着	→	2019年【正17番】	ダイアトニック	1着
2020年【逆13番】2着	→	2020年【逆13番】	カツジ	1着
2021年【逆17番】2着	→	2021年【逆17番】	サウンドキアラ	2着
2022年【逆3番】2着	→	2022年【正3番】	ララクリスティーヌ	2着
2023年【逆14番】1着 【逆7番】2着	➡	2023年	【正逆7番、14番】	

馬番	枠	父	馬名	母	毛色・斤量・性齢	騎手	調教師	賞金	総賞金	馬主	生産者
1	白1	キングカメハメハ	ホウオウアマゾン	ヒカルアマランサス4勝	栗 56 牡4	Cデムーロ	矢作	6200	15,590	小笹芳央	ノーザンF
2	白1	グラスワンダー	ヴァトレニ	チアフルスマイル8勝	鹿 56 騸4	横山和	長谷川	3600	8955	野田政義	フジワラF
3	黒2	ミッキーアイル	ララクリスティーヌ	スーパーマダム1勝	青鹿 54 牝4	菅原明	斉藤崇	2400	6990	フジイ興産	土井牧場
4	黒2	ロードカナロア	ダイアトニック	トゥハーモニー未勝	鹿 56 牡7	岩田康	安田隆	11,650	32,770	シルクR	酒井牧場
5	赤3	ロードカナロア	キングオブコージ	ファイノメナ(愛)	黒鹿 57 牡6	浜中	安田翔	8350	19,160	増田和啓	白老F
6	赤3	ダイワメジャー	マテンロウオリオン	パルテノン未勝	黒鹿 54 牡3	横山典	昆	6200	12,690	寺田千代乃	ムラカミF
7	青4	ポイントオブエントリー	(外)ロータスランド	リトルミスマフェット(米)	鹿 54 牝5	岩田望	辻野	10,150	21,690	小林英一HD	アメリカ
8	青4	ドリームジャーニー	トゥラヴェスーラ	ジャジャマーチャン未出	鹿 56 牡7	鮫島駿	高橋康	6300	18,425	吉田照哉	社台F
9	黄5	ロードカナロア	ケイデンスコール	インダクティ2勝	鹿 56 牡6	北村友	安田隆	10,400	21,600	サンデーR	ノーザンF
10	黄5	タイキシャトル	ベステンダンク	ユキノマーメイド4勝	栗 56 牡10	松若	安達	6050	22,365	市川義美HD	服部牧場
11	緑6	ロードカナロア	ルプリュフォール	マイノチカラ(公)	鹿 56 騸6	武豊	松永幹	3800	9946	名古屋友豊	社台F
12	緑6	ロードカナロア	サブライムアンセム	バストフォリア4勝	鹿 52 牝3	福永	藤原英	3000	6440	サンデーR	ノーザンF
13	橙7	ロードカナロア	(地)キャプテンドレイク	ハシッテホシーノ3勝	鹿 56 牡5	藤岡康	今野	2090	5258	谷掛龍夫	社台F
14	橙7	ハーツクライ	メイショウミモザ	メイショウベルーガ7勝	芦 54 牝5	池添	池添兼	5150	13,084	松本好雄	三嶋牧場
15	橙7	ディープブリランテ	ミッキーブリランテ	エピックラヴ(愛)	鹿 56 牡6	和田竜	矢作	5400	17,410	野田みづき	ノーザンF
16	桃8	ヴィクトワールピサ	レイモンドバローズ	レッドレイチェル1勝	鹿 56 牡4	吉田隼	上村	2400	5940	猪熊広次	社台F
17	桃8	エピファネイア	スカイグルーヴ	アドマイヤセプター5勝	栗 54 牝5	ルメール	木村	4000	9972	シルクR	ノーザンF
18	桃8	トーセンラー	アイラブテーラー	タケショウレジーナ5勝	[illegible] 54 牝6	幸	河内	4600	10,860	中西浩一	富菜牧場

2022年 スワンS		
1着④ダイアトニック	（4番人気）	馬連 10650円
2着③ララクリスティーヌ	（10番人気）	3連複 71930円
3着⑪ルプリュフォール	（11番人気）	3連単 403230円

注目サイン！

岩田康誠騎手の枠が３着以内
20年は自身騎乗の11番人気カツジが優勝、単勝万馬券！

17年	レッツゴードンキ	3着
19年	モズアスコット	2着
20年	カツジ	1着
21年	ダノンファンタジー	1着
22年	ダイアトニック	1着

※13年から継続中。18年は同騎手の騎乗ナシ。

和田竜二騎手の24隣馬が連対中
近４年は連続２着、さて23年は……

18年	＋24馬ロードクエスト	1着
19年	－24馬モズアスコット	2着
20年	±24馬ステルヴィオ	2着
21年	＋24馬サウンドキアラ	2着
22年	＋24馬ララクリスティーヌ	2着

前走①番ゲート馬の隣馬が連対中
22年は１番人気ララクリスティーヌが２着

16年	ブラヴィッシモ	隣馬サトノアラジン	1着
19年	トゥザクラウン	隣馬モズアスコット	2着
20年	ロケット	隣馬カツジ	1着
22年	ヴァトレニ	隣馬ララクリスティーヌ	2着

※10年から継続中。17、18、21年は対象馬の出走ナシ。

前走GⅠ出走馬の隣馬が連対中
スプリンターズS出走馬の隣馬が多い

19年　セイウンコウセイ（前走・スプリンターズS）
隣馬ダイアトニック1着
20年　サウンドキアラ（前走・ヴィクトリアM）
隣馬ステルヴィオ2着
21年　クリノガウディー（前走・スプリンターズS）
隣馬ダノンファンタジー1着
22年　ダイアトニック（前走・スプリンターズS）
隣馬ララクリスティーヌ2着

※17年から継続中。

GⅡ 京王杯2歳S

2023年11月4日　東京芝1400m（2歳）

当たり馬番は連動する！

正逆　2番 7番

きさらぎ賞		京王杯2歳S		
2019年【逆8番】2着	→	2019年【正8番】	ビアンフェ	2着
2020年【逆2番】2着	→	2020年【逆2番】	ロードマックス	2着
2021年【正3番】2着	→	2021年【正3番】	キングエルメス	1着
2022年【逆9番】2着	→	2022年【逆9番】	オオバンブルマイ	1着
2023年【正7番】2着 【逆2番】2着	➡	2023年	【正逆2番、7番】	

18	桃8	グレーター・ロンドン	ロンドンプラン	パッションローズ 4勝	55 牡2	松山	宮本	2000	下河辺隆行	下河辺牧場
17	桃8	エピファネイア	ロッソランパンテ	マウロア 未勝	54 牝2	木幡巧	杉浦	400	堀田浩司	カミイスタット
16	桃8	ロードカナロア	スピードオブライト	サイレントソニック 5勝	54 牝2	石川	相沢	400	ヒダカBU	桜井牧場
15	橙7	ワールドエース	ノーブルラン	フォーモサマンボ 未出	55 牡2	津村	尾形和	400	岡村善行	高昭牧場
14	橙7	ハヴァナグレイ	(外)ヤクシマ	サツマ 英	55 牡2	岩田望	寺島	400	ゴドルフィン	イギリス
13	橙7	キズナ	アスクドリームモア	マリンフェスタ 3勝	55 牡2	岩田康	藤原英	400	廣崎利洋HD	天羽牧場
12	緑6	ビッグアーサー	ブーケファロス	クラウンデュナミス 1勝	55 牡2	菅原明	清水英	400	矢野まり子	クラウン日高牧場
11	緑6	リアルスティール	シェーンプリマー	パラベルサイユ 1勝	54 牝2	永野	黒岩	400	古岡宏仁	木村牧場
10	黄5	ディスクリートキャット	オオバンブルマイ	ピンクガーベラ 未勝	55 牡2	横山武	吉村	400	岡浩二	サンデーヒルズ
9	黄5	エピファネイア	エナジーチャイム	カリンバ 2勝	54 牝2	ルメール	手塚	400	シルクR	ノーザンF
8	青4	キンシャサノキセキ	ミシエラドラータ	クリールソレイユ 未勝	55 牡2	大野	清水久	400	[illegible]	丸村村下F
7	青4	ボルトドーロ	(外)フロムダスク	フーリッシュコーズ 米	55 牡2	戸崎圭	森	400	藤田晋	アメリカ
6	赤3	ダノンレジェンド	マーブルマカロン	クォーク 未勝	54 牝2	三浦	林	400	保坂和孝	大北牧場
5	赤3	カレンブラックヒル	ミスヨコハマ	ミスエリカ 1勝	54 牝2	斎藤	斎藤誠	400	大野富生	ノーザンF
4	黒2	ショウケイシング	(外)ベースセッティング	ジェットセッティング 愛	55 牡2	坂井	安田隆	400	シルクR	イギリス
3	黒2	ダイワメジャー	サイモンオリーブ	オリジナルスピンⅡ 米	54 牝2	横山和	勢司	400	澤田昭紀	白老F
2	白1	ダノンバラード	アンタノバラード	ヴァナップ 未勝	54 牝2	田辺	伊藤大	400	ミルF	ミルF
1	白1	ビーチパトロール	デイドリームビーチ	デイドリーマー 1勝	55 牡2	杉原	石毛	400	ミルF	ミルF

2022年京王杯2歳S			
1着	⑩オオバンブルマイ	（10番人気）	馬連 65910円
2着	⑦フロムダスク	（11番人気）	3連複 257030円
3着	⑯スピードオブライト	（5番人気）	3連単 2221830円

注目サイン！

ATTEN TION

正逆165番が3着以内
22年は5番人気スピードオブライトが3着

16年	正165番ディバインコード	3着
17年	逆165番タワーオブロンドン	1着
18年	正165番アウィルアウェイ	2着
19年	正165番ヴァルナ	3着
20年	逆165番ユングヴィ	3着
21年	正165番ラブリイユアアイズ	3着
22年	逆165番スピードオブライト	3着

ATTEN TION

C・ルメール騎手自身か、その隣馬が3着以内
22年は10番人気オオバンブルマイが優勝！

16年	モンドキャンノ	自身1着
17年	タワーオブロンドン	自身1着
19年	タイセイビジョン	自身1着
20年	モントライゼ	自身1着
21年	コラリン	隣馬ラブリイユアアイズ3着
22年	エナジーチャイム	隣馬オオバンブルマイ1着

※18年は同騎手の騎乗ナシ。

ATTEN TION

三浦皇成騎手の22隣馬が3着以内
21年は4番人気トウシンマカオが連対

19年	－22馬タイセイビジョン	1着
20年	－22馬ユングヴィ	3着
21年	＋22馬トウシンマカオ	2着
22年	＋22馬オオバンブルマイ	1着

ATTEN TION

C・ルメール騎手の29隣馬が3着以内
20年は9番人気ロードマックス2着で馬連6140円！

17年	＋29馬アサクサゲンキ	3着
19年	－29馬ヴァルナ	3着
20年	＋29馬ロードマックス	2着
21年	＋29馬ラブリイユアアイズ	3着
22年	－29馬スピードオブライト	3着

※18年は同騎手の騎乗ナシ。

GⅡ ファンタジーS

2023年11月4日　京都芝1400m（２歳牝馬）

当たり馬番は連動する！

正逆 7番 10番

クイーンC			ファンタジーS		
2019年【逆4番】	2着	→	2019年【逆4番】	マジックキャッスル	2着
2020年【逆6番】	2着	→	2020年【正6番】	オパールムーン	2着
2021年【正9番】	2着	→	2021年【逆9番】	ナムラクレア	2着
2022年【逆8番】	2着	→	2022年【正8番】	リバーラ	1着
2023年【正7番】 【正10番】	2着 2着	➡	2023年	【正逆7番、10番】	

12 桃8	11 桃8	10 橙7	9 橙7	8 緑6	7 緑6	6 黄5	5 黄5	4 青4	3 赤3	2 黒2	1 白1
アメリカンペイトリオット(マ)	キンシャサノキセキ(マ)	ダイワメジャー(マ中)	ドレフォン(短)	キンシャサノキセキ(マ)	サトノクラウン(中長)	ハーツクライ(中長)	ビッグアーサー(短)	ラブリーデイ(中)	デクラレーションオブウォー(中)	イスラボニータ(マ中)	スクワートルスクワート(短)
シルフィードレーヴ	アロマデローサ	バレリーナ	サラサハウプリティ	リバーラ	コスモフーレイ	レッドヒルシューズ	ブトンドール	トゥーテイルズ	クインズエルサ	ミカッテヨンデイイ	サツマノオンナ
キモンクイーン公(マ)	ローズウィスパー3勝(中)	マニヤラ英(中)	ハヤブサエミネンス2勝(マ)	インドリヤ米(短)	ファインセイコー未勝(短)	ヤマノラヴ1勝(マ)	プリンセスロック3勝(短)	ウリウリ6勝(中)	キャンディバローズ2勝(マ)	ボルティモア未勝(マ)	スペシャルビビー未出(中)
芦 54 牝2	鹿 54 牝2	栗 54 牝2	栗 54 牝2	鹿 54 牝2	黒鹿 54 牝2	栗 54 牝2	鹿 54 牝2	青鹿 54 牝2	鹿 54 牝2	黒鹿 54 牝2	黒鹿 54 牝2
替松田	福永	替川田	菱田	石橋脩	替和田竜	酒井	鮫島駿	替Cデムーロ	替団野	今村	藤岡康
栗西園正	栗池添学	栗清水久	栗岡田	美高柳瑞	栗五十嵐	栗武英	栗池添学	栗藤原英	栗西村	美堀内	栗新谷
400	1000	1000	400	400	400	400	2000	400	400	600	900
山崎太嗣	シルクR	石川達絵	横井良明	荒井泰樹	ビッグレッドF	呉本昌時	雅苑興業	金子真人HD	ケイアイS	ニューマレコード	伊東政清
ひ田原橋本牧場	安ノーザンF	ひ服部牧場	ひグランド牧場	日シンボリ牧場	新市川牧場	ひチャンピオンズF	安ノーザンF	安ノーザンF	浦富田牧場	千社台F	新新保孝一

2022年	1着⑧リバーラ	（10番人気）	馬連 11350円
ファンタジーS	2着⑤ブトンドール	（2番人気）	3連複 37070円
	3着⑥レッドヒルシューズ	（5番人気）	3連単 467700円

注目サイン！

正逆6番が3着以内
19年は6番人気レシステンシアが優勝！

17年	逆6番コーディエライト	2着
18年	逆6番ダノンファンタジー	1着
19年	正6番レシステンシア	1着
20年	正6番オパールムーン	2着
21年	逆6番ウォーターナビレラ	1着
22年	正6番レッドヒルシューズ	3着

※14年から継続中。

前走2着馬の隣馬が3着以内
22年は10番人気リバーラ優勝、単勝7070円！

17年	コーディエライト	隣馬ベルーガ	1着
19年	ヒルノマリブ	隣馬マジックキャッスル	2着
20年	ラヴケリー	隣馬メイケイエール	1着
21年	スリーパーダ	隣馬ママコチャ	3着
22年	サウサハウプリティ	隣馬リバーラ	1着

※15年から継続中。18年は該当馬の出走ナシ。

藤岡康太騎手の5隣馬が1着継続中
23年も騎乗、お願いします！

18年	＋5馬ダノンファンタジー	1着
20年	＋5馬メイケイエール	1着
21年	±5馬ウォーターナビレラ	1着
22年	－5馬リバーラ	1着

※19年は同騎手の騎乗ナシ。

酒井学騎手の37隣馬が連対中
23年、こちらもお願いします！

12年	－37馬サウンドリアーナ	1着
13年	－37馬ベルカント	1着
17年	－37馬ベルーガ	1着
22年	－37馬ブトンドール	2着

※14～16、18～21年は同騎手の騎乗ナシ。

GII アルゼンチン共和国杯

2023年11月5日　東京芝2500m（３歳上）

当たり馬番は連動する！

正逆 1番 2番

オールカマー	アルゼンチン共和国杯
2018 年【正7番】1着 →	2019 年【正7番】ムイトオブリガード　1着
2019 年【正1番】2着 →	2020 年【逆1番】オーソリティ　1着
2020 年【正4番】1着 →	2021 年【逆4番】マイネルウィルトス　2着
2021 年【正2番】2着 →	2022 年【逆2番】ハーツイストワール　2着
2022 年【正2番】1着 【正1番】2着 ➡	2023 年【正逆1番、2番】

馬番	枠	父	馬名	母	毛色・斤量・性齢	騎手	調教師	賞金	総賞金	馬主	生産者
1	白1	ハーツクライ	キングオブドラゴン	ベガスナイト3勝	黒鹿 54 牡5	坂井	矢作	2400	9847	廣田芳郎	社台F
2	白1	ディープインパクト	プレシャスブルー	オンワードミシェル3勝	鹿 54 牡8	津村	相沢	2450	13,397	石瀬浩三	石郷岡雅樹
3	黒2	キングカメハメハ	ユーキャンスマイル	ムードインディゴ3勝	鹿 57 牡7	石橋脩	友道	11,150	37,370	金子真人HD	ノーザンF
4	黒2	ハービンジャー	コトブキテティス	エヴァ2勝	黒鹿 51 牡5	永野	田島俊	2400	6517	尾上松壽	斉藤S
5	赤3	リオンディーズ	テーオーロイヤル	メイショウオウヒ公	鹿 [illegible] 牡4	菱田	岡田	4550	15,627	小笹公也	三嶋牧場
6	赤3	ディープインパクト	キラーアビリティ	キラーグレイシス米	青鹿 55 牡3	Cデムーロ	斉藤崇	3900	8260	キャロットF	ノーザンF
7	青4	ノヴェリスト	ブレークアップ	リトルジュン未勝	栗 54 牡4	田辺	黒岩	2400	6690	阿部東亜子	谷川牧場
8	青4	ディープインパクト	カントル	ミスアンコール1勝	鹿 54 牡6	岩田望	藤原英	2400	8600	金子真人HD	ノーザンF
9	黄5	オルフェーヴル	ディアマンミノル	イソノスワロー未勝	栗 55 牡5	荻野極	本田	3600	12,631	吉岡實	村下農場
10	黄5	マンハッタンカフェ	ダンディズム	ビューティーコンテスト米	黒鹿 54 騸6	富田	野中	2500	7802	カナヤマHD	三嶋牧場
11	緑6	ノヴェリスト	ラストドラフト	マルセリーナ4勝	黒鹿 56 牡6	三浦	戸田	4250	13,840	社台RH	社台F
12	緑6	ステイゴールド	マイネルファンロン	マイネテレジア1勝	青鹿 56 牡7	Mデムーロ	手塚	6500	19,986	ラフィアン	ビッグレッドF
13	橙7	ルーラーシップ	レインカルナティオ	リビングプルーフ3勝	鹿 54 牡5	菅原明	小西	2400	6750	サンデーR	ノーザンF
14	橙7	ステイゴールド	アフリカンゴールド	ブリクセン米	栗 57 騸7	国分恭	西園正	6300	16,775	ゴドルフィン	ダーレー・ジャパン・ファーム
15	橙7	ロードカナロア	レッドサイオン	レッドベルフィーユ未勝	鹿 53 騸6	石川	[illegible]	2400	6430	東京HR	ノーザンF
16	桃8	キングカメハメハ	ヒートオンビート	マルセリーナ4勝	鹿 57 牡5	戸崎圭	友道	5200	20,191	社台RH	社台F
17	桃8	ハーツクライ	ハーツイストワール	レツィーナ4勝	黒鹿 55 牡6	武豊	国枝	3800	11,080	嶋田賢	ノーザンF
18	桃8	ディープインパクト	ボスジラ	ミスパスカリ3勝	芦 56.5 牡6	ルメール	国枝	4800	14,330	金子真人HD	ノーザンF

2022 年 アルゼンチン共和国杯	1着⑦ブレークアップ	（6番人気）	馬連 7010 円
	2着⑰ハーツイストワール	（5番人気）	3連複 14590 円
	3着⑯ヒートオンビート	（3番人気）	3連単 85070 円

注目サイン！

正逆20番が3着以内
22年は5番人気2着のハーツイストワールが該当

18年　逆20番マコトガラハッド　3着
19年　正20番ムイトオブリガード　1着
20年　正20番ラストドラフト　2着
21年　正20番フライライクバード　3着
22年　逆20番ハーツイストワール　2着
※16年から継続中。

セン馬の隣馬が3着以内
21年は1番人気オーソリティが連覇

17年　カレンミロティック　隣馬ソールインパクト　2着
18年　マコトガラハッド　隣馬パフォーマプロミス　1着
19年　マコトガラハッド　隣馬ムイトオブリガード　1着
20年　ベストアプローチ　隣馬ラストドラフト　2着
21年　ゴースト　隣馬オーソリティ　1着
22年　レッドサイオン　隣馬ヒートオンビート　3着

三浦皇成騎手の94隣馬が3着以内
22年は6番人気ブレークアップが優勝！

17年　－94馬セダブリランテス　3着
18年　－94馬パフォーマプロミス　1着
19年　－94馬ムイトオブリガード　1着
20年　－94馬サンアップルトン　3着
21年　＋94馬マイネルウィルトス　2着
22年　－94馬ブレークアップ　1着

C・ルメール騎手の20隣馬が3着以内
20年は6番人気ラストドラフト2着で馬連6680円！

16年　－20馬シュヴァルグラン　1着
19年　－20馬ムイトオブリガード　1着
20年　＋20馬ラストドラフト　2着
21年　－20馬フライライクバード　3着
22年　－20馬ヒートオンビート　3着
※17、18年は同騎手の騎乗ナシ。

GIII みやこS

2023年11月5日　京都ダ1800m（3歳上）

当たり馬番は連動する!

正逆　2番7番

きさらぎ賞		みやこS		
2019 年【正1番】2着	→	2019 年【正1番】	ヴェンジェンス	1着
2020 年【正7番】2着	→	2020 年【正7番】	ヒストリーメイカー	2着
2021 年【正3番】2着	→	2021 年【正3番】	メイショウハリオ	1着
2022 年【正3番】2着	→	2022 年【逆3番】	サンライズホープ	1着
2023 年【正2番】1着 【正7番】2着	➡	2023 年	**【正逆2番、7番】**	

馬番	枠	父	馬名	母	毛色・斤量・性齢	騎手	調教師	賞金	総賞金	馬主	生産者
16	桃8	エンパイアメーカー	㊞ヒストリーメイカー	チヨノドラゴン 公	黒鹿 56 牡8	小沢	新谷	6685	17,172	岩崎僖澄	青藍牧場
15	桃8	ディープスカイ	クリンチャー	ザフェイツ 1勝	鹿 57 牡8	藤岡佑	宮本	10,750	40,650	前田幸治	平山牧場
14	橙7	マジェスティックウォリアー	サンライズホープ	オーパスクイーン 3勝	鹿 56 牡5	幸	羽月	5400	12,660	松岡隆雄	ヤナガワ牧場
13	橙7	タートルボウル	㊞ヴァンヤール	ブライトエルフ 1勝	栗 56 牡4	団野	庄野	2090	5186	ヒダカBU	槇本牧場
12	緑6	キズナ	ハギノアレグリアス	タニノカリス 3勝	鹿 56 牡5	福永	四位	3600	7420	日隈良江	岡田S
11	緑6	タピット	㊕アメリカンフェイス	スクリーンゴッデス 米	栗 56 牡5	今村	戸田	2740	7492	吉澤HD	アメリカ
10	黄5	ホッコータルマエ	ブリッツファング	リリーオブザナイル 未出	鹿 56 牡3	池添	大久保龍	2650	6218	ウエストフォレストS	山春牧場
9	黄5	ドレフォン	タイセイドレフォン	デイトユアドリーム 4勝	鹿 54 牡3	川田	西村	2300	5330	田中成奉	ノーザンF
8	青4	キズナ	ハピ	クイーンパイレーツ 未勝	黒鹿 54 牡3	横山典	大久保龍	2850	6350	寺田寿男	ノースヒル
7	青4	アイルハヴアナザー	メイショウドヒョウ	エリモフィナーレ 1勝	栗 56 牡5	太宰	西園正	2400	7256	本好雄	三嶋牧場
6	赤3	ホッコータルマエ	メイショウフンジン	シニスタークイーン 3勝	黒鹿 56 牡4	酒井	西園正	2400	7170	松本好雄	宮内牧場
5	赤3	ミッキーアイル	ウィリアムバローズ	ダイアナバローズ 3勝	鹿 56 牡4	横山武	上村	3600	8322	猪熊広次	中原牧場
4	黒2	ローレルゲレイロ	アイオライト	ステラアクトレス 未勝	黒鹿 56 牡5	鮫島駿	武藤	5210	10,203	田頭勇貴	南部功
3	黒2	スウェプトオーヴァーボード	オメガパフューム	オメガフレグランス 3勝	芦 59 牡7	横山和	安田翔	34,880	73,895	原禮子	社台F
2	白1	オルフェーヴル	タガノディアマンテ	タガノレヴェントン 未勝	栗 56 牡6	松若	鮫島	4850	11,760	八木良司	新冠タガノF
1	白1	ゴールドアリュール	サクラアリュール	シロガネーゼカフェ 未勝	栗 56 牡7	藤岡康	村山	3100	14,255	さくらコマース	谷岡牧場

2022 年 みやこS			
	1着⑭サンライズホープ	（11 番人気）	馬連 17220 円
	2着⑫ハギノアレグリアス	（2番人気）	3連複 21150 円
	3着③オメガパフューム	（1番人気）	3連単 267560 円

注目サイン！

ATTEN TION

正逆14番が連対中
22年は11番人気サンライズホープ優勝、単勝9070円！

19年　逆14番キングズガード　2着
20年　逆14番ヒストリーメイカー　2着
21年　逆14番メイショウハリオ　1着
22年　正14番サンライズホープ　1着
※18年はＪＢＣ開催のため施行ナシ（以下同）。

ATTEN TION

前走3着馬自身か、その隣馬が3着以内
21年は6番人気ロードブレス2着で馬連6680円！

16年　ロワジャルダン　隣馬グレンツェント2着
自身3着
17年　エピカリス　隣馬テイエムジンソク1着
19年　ノーヴァレンダ　隣馬ウェスタールンド3着
20年　エイコーン　隣馬ヒストリーメイカー2着
自身3着
21年　ロードブレス　自身2着
隣馬アナザートゥルース3着
22年　オメガパフューム　自身3着

ATTEN TION

川田将雅騎手の隣枠が3着以内
22年は2番人気ハギノアレグリアスが3着

11年　隣枠エスポワールシチー　1着
12年　隣枠ローマンレジェンド　1着
13年　隣枠ブライトライン　1着
16年　隣枠ロワジャルダン　3着
17年　隣枠テイエムジンソク　1着
19年　隣枠ヴェンジェンス　1着
20年　隣枠ヒストリーメイカー　2着
22年　隣枠ハギノアレグリアス　2着
※14、15、21年は同騎手の騎乗ナシ。

GⅢ 武蔵野S

当たり馬番は連動する!

2023年11月11日　東京ダ1600m（3歳上）

正逆 2番 15番

函館スプリントS			武蔵野S		
2019年【正10番】	1着	→	2019年【逆10番】	ワンダーリーデル	1着
2020年【正6番】	1着	→	2020年【正6番】	サンライズノヴァ	1着
2021年【正14番】	1着	→	2021年【正14番】	エアスピネル	2着
2022年【正7番】	1着	→	2022年【正7番】	レモンポップ	2着
2023年【正15番】	1着	➡	2023年【正逆2番、15番】		
【逆2番】	1着				

馬番	枠	父	馬名	母	毛色・斤量・性齢	騎手	調教師			馬主	生産者
1	白1	ヘニーヒューズ	フルデプスリーダー	ファーストチェア 未勝	鹿 57 牡5	石川	斎藤誠	5500	16,660	小田吉男	村田牧場
2	白1	ヘニーヒューズ	セキフウ	シャボナ 米	栗 55 牡3	Mデムーロ	武幸	4870	11,371	中辻明	バンブー牧場
3	黒2	シニスターミニスター	アシャカトブ	ヴェリタスマリコ 未出	栗 56 牡6	レーン	小笠	5140	11,990	吉冨学	岡田牧場
4	黒2	ヘニーヒューズ	アドマイヤルプス	カールファターレ 1勝	栗 56 騸5	ルメール	加藤征	3600	9470	近藤旬子	ノーザンF
5	赤3	ゴールドアリュール	サンライズノヴァ	ブライトサファイヤ 未勝	栗 58 牡8	松若	音無	13,600	42,630	松岡隆雄	ヤナガワ牧場
6	赤3	キングカメハメハ	エアスピネル	エアメサイア 4勝	栗 56 牡9	マーカンド	笹田	11,515	45,655	ラッキーF	社台F
7	青4	レモンドロップキッド	(外)レモンポップ	アンリーチエイブル 米	栗 56 牡4	戸崎圭	田中博	4900	10,690	ゴドルフィン	アメリカ
8	青4	キズナ	バスラットレオン	バスラットアマル 未出	鹿 58 牡4	坂井	矢作	6930	17,164	広尾レース	三嶋牧場
9	黄5	ヘニーヒューズ	タガノビューティー	スペシャルディナー 1勝	鹿 56 牡5	石橋脩	西園正	5000	17,845	八木良司	新冠タガノF
10	黄5	デクラレーションオブウォー	デュードヴァン	ジェラスキャット 米	鹿 56 牡5	ムーア	池添学	3800	10,270	スリーエイチR	下河辺牧場
11	緑6	オルフェーヴル	ギルデッドミラー	タイタンクイーン 米	鹿 54 牝5	三浦	松永幹	3550	12,410	シルクR	ノーザンF
12	緑6	ヘニーヒューズ	(地)スマッシングハーツ	プリティメイズ 5勝	鹿 56 牡6	鮫島駿	新谷	3510	9679	前田幸治	ノースヒルズ
13	橙7	シニスターミニスター	(地)プラッティーキッド	デザートレジーナ 公	栗 56 牡4	水口	中尾秀	2400	6128	山上和良	高橋F
14	橙7	ゴールドアリュール	ハヤブサナンデクン	ホワイトクルーザー 2勝	芦 56 牡6	福永	吉村	3600	11,140	武田修	グランド牧場
15	桃8	ダイワメジャー	デュープロセス	ローズロー 英	栗 56 牡6	菅原明	高柳瑞	4850	11,160	ゴドルフィン	イギリス
16	桃8	ロードカナロア	ケイデンスコール	インダクティ 2勝	鹿 57 牡6	Hドイル	安田隆	10,400	21,600	サンデーR	ノーザンF

2022年 武蔵野S		
1着⑪ギルデッドミラー	（2番人気）	馬連 610円
2着⑦レモンポップ	（1番人気）	3連複 3830円
3着⑧バスラットレオン	（7番人気）	3連単 22320円

注目サイン！

ATTENTION

前走4着馬の隣馬が3着以内
20年は11番人気ソリストサンダー2着で馬連万馬券！

17年	モーニン	隣馬インカンテーション	1着
18年	グレンツェント	隣馬ナムラミラクル	3着
19年	カフジテイク	隣馬ダノンフェイス	3着
20年	デュードヴァン	隣馬ソリストサンダー	2着
21年	ダイワギャグニー	隣馬ソリストサンダー	1着
22年	スマッシングハーツ	隣馬ギルデッドミラー	1着

ATTENTION

馬名末尾「ル」馬自身か、その隣馬が3着以内
19年は9番人気ワンダーリーデル優勝、単勝2520円！

18年	ナムラミラクル	自身3着
19年	ワンダーリーデル	自身1着
20年	エアスピネル	隣馬サンライズノヴァ1着
21年	エアスピネル	自身2着
22年	エアスピネル	隣馬レモンポップ2着

ATTENTION

前走6番人気馬自身か、その隣馬が3着以内
18年はワンツーで馬連3930円！

18年	クインズサターン	隣馬サンライズノヴァ1着　自身2着
19年	ダノンフェイス	自身3着
20年	スマートダンディー	隣馬サンライズノヴァ1着
21年	ワイドファラオ	隣馬オメガレインボー3着
22年	バスラットレオン	隣馬レモンポップ2着　自身3着

ATTENTION

三浦皇成騎手の2隣枠が連対中
今のところ連続2着、22年はレモンポップが該当

17年	－2枠サンライズソア	2着
18年	＋2枠クインズサターン	2着
20年	＋2枠ソリストサンダー	2着
22年	－2枠レモンポップ	2着

※19、21年は同騎手の騎乗ナシ。

GⅡ デイリー杯2歳S

2023年11月11日　京都芝1600m（2歳）

当たり馬番は連動する！

正逆 7番9番

京王杯スプリングC		デイリー杯2歳S		
2019年【逆10番】2着	→	2019年【正10番】	ウイングレイテスト	2着
2020年【逆2番】2着	→	2020年【正2番】	レッドベルオーブ	1着
2021年【逆6番】2着	→	2021年【正6番】	セリフォス	1着
2022年【逆9番】2着	→	2022年【逆9番】	ダノンタッチダウン	2着
2023年【逆7番】1着 【逆9番】2着	➡	2023年	【正逆7番、9番】	

枠	桃8	桃8	橙7	橙7	緑6	黄5	青4	赤3	黒2	白1
馬番	10	9	8	7	6	5	4	3	2	1
父	リアルスティール	ドレフォン	ファインニードル	キズナ	シルバーステート	ビーチパトロール	ヴァンキッシュラン	サトノダイヤモンド	ロードカナロア	マインドユアビスケッツ
馬名	オールパルフェ	エミサキホコル	クルゼイロドスル	ショウナンアレクサ	シルヴァーデューク	デイドリームビーチ	トーセントラム	フォーサイドナイン	ダノンタッチダウン	ショーモン
母	クイーングラス 2勝	アルテミスハート 未勝	スタリア 1勝	エセンテペ 愛	ヴァナディース 1勝	デイドリーマー 1勝	ローザデルドバイ 愛	ツインテール 1勝	エピッククラヴ 愛	エボキシ 未勝
毛色・斤量・性齢	鹿 55 牡2	黒鹿 55 牡2	栗 55 牡2	鹿 55 牡2	鹿 55 牡2	鹿 55 牡2	鹿 55 牡2	鹿 55 牡2	鹿 55 牡2	鹿 55 牡2
騎手	大野	藤岡康	替 和田竜	岩田望	替 Cデムーロ	替 城戸	替 武豊	池添	替 川田	横山武
調教師	美 和田雄	栗 杉山佳	栗 高橋忠	栗 清水久	栗 西村	美 石毛	美 小桧山	栗 奥村豊	栗 安田隆	栗 橋口慎
賞金	400	400	400	400	400	400	400	400	400	400
馬主	遠藤良一	亀岡和彦	ゴドルフィン	国本哲秀	田畑利彦	ミルF	島川隆哉	スリーエイチR	ダノックス	林瑛子
生産者	ひ カタオカF	千 社台F	日 ダーレージャパンF	安 ノーザンF	ひ 沖田博志	浦 ミルF	日 エスティF	浦 辻牧場	安 ノーザンF	安 ノーザンF

2022年	1着⑩オールパルフェ	（3番人気）	馬連 1300円
デイリー杯	2着②ダノンタッチダウン	（1番人気）	3連複 2220円
2歳S	3着①ショーモン	（4番人気）	3連単 12600円

注目サイン！

ATTEN TION

正逆79番が連対中
今のところ、逆79番の1頭指名

17年　逆79番ジャンダルム　1着
18年　逆79番アドマイヤマーズ　1着
19年　逆79番ウイングレイテスト　2着
20年　逆79番レッドベルオーブ　1着
21年　逆79番セリフォス　1着
22年　逆79番ダノンタッチダウン　2着

ATTEN TION

前走1番人気で1着した馬が連対中
2歳重賞ならではのロングラン・セオリー

13年　アトム　2着
14年　タガノエスプレッソ　1着
15年　エアスピネル　1着
16年　ジューヌエコール　1着
17年　カツジ　2着
18年　アドマイヤマーズ　1着
19年　ウイングレイテスト　2着
20年　レッドベルオーブ　1着
21年　ソネットフレーズ　2着
22年　オールパルフェ　1着

ATTEN TION

和田竜二騎手の83隣馬が3着以内
21年はビリ人気のカワキタレブリーが馬券に絡む

12年　－83馬クラウンレガーロ　2着
13年　－83馬アトム　2着
14年　＋83馬アッシュゴールド　2着
15年　－83馬エアスピネル　1着
18年　－83馬アドマイヤマーズ　1着
19年　－83馬レッドベルジュール　1着
21年　－83馬カワキタレブリー　3着
22年　＋83馬ショーモン　3着
※16、17、20年の同騎手の騎乗ナシ。

GIII 福島記念

当たり馬番は連動する!

2023年11月12日　福島芝2000m（3歳上）

正逆 2番 7番

きさらぎ賞		福島記念		
2019年【逆8番】 2着	→	2019年【逆8番】	ステイフーリッシュ	2着
2020年【逆8番】 1着	→	2020年【逆8番】	ヴァンケドミンゴ	2着
2021年【逆9番】 2着	→	2021年【逆9番】	パンサラッサ	1着
2022年【逆10番】1着	→	2022年【逆10番】	サトノセシル	2着
2023年【逆7番】 1着 【逆2番】 2着	➡	2023年【正逆2番、7番】		

枠	馬番	父	馬名	母	毛色・斤量・性齢	騎手	厩舎	賞金	総賞金	馬主	生産者
白1	1	キングカメハメハ	アラタ	サンシャイン3勝	鹿 56 牡5	替大野	美和田勇	3600	9700	村田能光	社台F
白1	2	ノーネイネヴァー	㊇ユニコーンライオン	ムラフカ愛	黒鹿 57 牡6	替国分優	栗矢作	7450	17,580	ライオンRH	アイルランド
黒2	3	ワークフォース	パトリック	シャムローグ未勝	鹿 55 牡6	藤岡佑	栗岡田	2400	10,378	カナヤマHD	松田牧場
黒2	4	ハーツクライ	カテドラル	アビラ英	鹿 57 牡6	団野	栗池添学	8500	20,260	キャロットF	ノーザンF
赤3	5	ノヴェリスト	コスモカレンドゥラ	ミルルーテウス1勝	栗 55 牡6	替丸山	美田中博	3600	10,550	ビッグレッドF	ビッグレッドF
赤3	6	ローズキングダム	フォワードアゲン	エーシンシャイナー未勝	黒鹿 53 騸5	江田照	美中野栄	2400	7322	浅川皓司	信田牧場
青4	7	フランケル	㊇サトノセシル	デュープ独	鹿 53 牝6	替古川吉	美堀	2250	8520	里見治	イギリス
青4	8	タートルボウル	ベレヌス	カフヴァール3勝	鹿 57 牡5	西村淳	栗杉山晴	4450	12,740	キャロットF	ノーザンF
黄5	9	キズナ	フィオリキアリ	クリアリーコンフューズド米	鹿 52 牝5	替斎藤	栗清水久	2400	7842	楓和美	ノースヒルズ
黄5	10	ローズキングダム	ロザムール	グレートテン公	栗 52 牝6	菊沢	美上原博	3900	10,575	栗山良子	[illegible]坂本牧場
緑6	11	ディープインパクト	エフェクトオン	オヴァンボクイーン独	黒鹿 53 牡6	替菱田	美久保田	2400	9655	社台RH	社台F
緑6	12	エイシンフラッシュ	オニャンコポン	シャリオドール未勝	鹿 54 牡3	菅原明	美小島茂	2900	5710	田原邦男	社台F
橙7	13	ディープインパクト	サトノエルドール	ミゼリコルデ4勝	鹿 55 牡6	替武藤	美国枝	3600	10,700	里見治	追分F
橙7	14	ステイゴールド	ゴールドスミス	ザミリア愛	黒鹿 56 騸8	替石橋脩	美高柳瑞	3850	10,495	ゴドルフィン	ダーレージャパンF
桃8	15	キズナ	シャムロックヒル	ララア米	芦 52 牝5	替横山琉	栗佐々木晶	3300	6199	社台RH	社台F
桃8	16	ルーラーシップ	ヴァンケドミンゴ	アンフィルージュ3勝	鹿 56 牡6	酒井	栗藤岡健	3200	10,490	福田昌伸	斉藤安行

2022年 福島記念		
1着②ユニコーンライオン	（10番人気）	馬連 10200円
2着⑦サトノセシル	（3番人気）	3連複 13320円
3着①アラタ	（1番人気）	3連単 107530円

2023年11月12日

福島記念

注目サイン！

ATTENTION

１番人気馬が３着以内
だから、意外に荒れそうで荒れない？

18 年	エアアンセム	3着
19 年	クレッシェンドラヴ	1着
20 年	ヴァンケドミンゴ	2着
21 年	アラタ	3着
22 年	アラタ	3着

ATTENTION

馬名末尾が「ル」馬自身か、その隣馬が３着以内
なんと、アタマはナシの２、３着量産！

14 年	フィロパトール	隣馬メイショウナルト3着
15 年	ノットフォーマル	隣馬ミトラ2着
16 年	ダイワリベラル	隣馬ゼーヴィント2着
17 年	ヒストリカル	自身3着
18 年	マイスタイル	自身2着
19 年	メートルダール	隣馬ミッキースワロー3着
20 年	テリトーリアル	自身3着
21 年	ヒュミドール	自身 2 着
22 年	サトノセシル	自身2着

ATTENTION

馬名頭文字か末尾が「ス」馬自身か、その隣馬が３着以内
22 年はベレヌスの隣、３番人気サトノセシルが２着

17 年	スズカデヴィアス	自身2着
18 年	スティッフェリオ	隣馬エアアンセム3着
19 年	ステイフーリッシュ	隣馬クレッシェンドラヴ1着
20 年	レッドアネモス	隣馬バイオストーク1着
21 年	ステイフーリッシュ	隣馬パンサラッサ1着
22 年	ベレヌス	隣馬サトノセシル2着

※ 15 年から継続中。

ATTENTION

正逆７番が３着以内
21 年は１番人気アラタが３着

19 年	逆7番クレシェンドラヴ	1着
20 年	正7番テリトーリアル	3着
21 年	逆7番アラタ	3着
22 年	正7番サトノセシル	2着

GⅡ 東京スポーツ杯2歳S

2023年11月18日　東京芝1800m（2歳）

当たり馬番は連動する！

正逆　2番7番

フローラS	東京スポーツ杯2歳S		
2019年【正4番】　1着	→ 2019年【逆4番】	アルジャンナ	2着
2020年【正3番】　1着	→ 2020年【正3番】	ダノンザキッド	1着
2021年【正12番】2着	→ 2021年【逆12番】	イクイノックス	1着
2022年【正3番】　2着	→ 2022年【正3番】	ガストリック	1着
2023年【正7番】　1着 【正2番】　2着	➡ 2023年	【正逆2番、7番】	

枠	馬番	馬名	父	母	毛色・斤量・性齢	騎手	厩舎	賞金	馬主	生産者
白1	1	ロックリーク	エピファネイア(輔)	フロールデセレッソ3勝(中)	鹿 55 牡2	ルメール	(美)栗田徹	400	サンデーR	(安)ノーザンF
黒2	2	シルトホルン	スクリーンヒーロー(長)	シンメイミヤビ未勝(短)	黒鹿 55 牡2	大野	(美)新開	400	ディアレストC	(新)飛渡牧場
赤3	3	ガストリック	ジャスタウェイ(中)	エーシンエポナ3勝(中)	鹿 55 牡2	(替)三浦	(美)上原博	400	前田幸治	(浦)栄進牧場
青4	4	ジョウショーホープ	ミッキーロケット(輔)	スターフォーユー未勝(マ)	鹿 55 牡2	(替)レーン	(栗)新谷	400	熊田義孝	(ひ)福岡駿弥
黄5	5	フェイト	リアルスティール(輔)	サンタフェチーフ3勝(輔)	鹿 55 牡2	福永	(栗)矢作	400	藤田晋	(安)ノーザンF
緑6	6	ダノンザタイガー	ハーツクライ(輔)	シーズアタイガー米(短)	黒鹿 55 牡2	川田	(美)国枝	400	ダノックス	(安)ノーザンF
緑6	7	ドゥラエレーデ	ドゥラメンテ(輔)	マルケッサ未勝(中)	黒鹿 55 牡2	(替)ムーア	(栗)池添学	400	スリーエイチR	(安)ノーザンF
橙7	8	ハーツコンチェルト	ハーツクライ(輔)	ナスノシベリウス3勝(中)	鹿 55 牡2	松山	(美)武井	400	グリーンファーム	(新)ハシモトF
橙7	9	テンカノギジン	エピファネイア(輔)	モスカートローザ2勝(中)	黒鹿 55 牡2	戸崎圭	(美)手塚	400	星野壽市	(安)ノーザンF
桃8	10	シルバースペード	シルバーステート(7中)	サトノベリーニ未勝(マ)	黒鹿 55 牡2	吉田豊	(美)小野次	400	NinomiyaJR	(ひ)フジワラF
桃8	11	タイセイクラージュ	サトノクラウン(輔)	シェリール4勝(中)	青鹿 55 牡2	(替)横山武	(栗)矢作	400	田中成奉	(安)ノーザンF

2022年東京スポーツ杯2歳S			
	1着③ガストリック	（5番人気）	馬連 2430円
	2着⑥ダノンザタイガー	（2番人気）	3連複 1200円
	3着⑧ハーツコンチェルト	（1番人気）	3連単 13870円

注目サイン！

正逆108番が３着以内
22年は５番人気ガストリックが優勝

17年　正108番ワグネリアン　1着
18年　逆108番ヴァンドギャルド　3着
19年　逆108番アルジャンナ　2着
20年　逆108番ダノンザキッド　1着
21年　逆108番イクイノックス　1着
22年　逆108番ガストリック　1着

Ｃ・ルメール騎手の２隣馬が３着以内
20年は１番人気ダノンザキッドが制す

18年　－2馬ヴァンドギャルド　3着
19年　＋2馬アルジャンナ　2着
20年　＋2馬ダノンザキッド　1着
21年　＋2馬アサヒ　2着
22年　＋2馬ガストリック　1着

戸崎圭太騎手の21隣馬が３着以内
21年は１番人気イクイノックスが圧巻の優勝

15年　－21馬スマートオーディン　1着
17年　±21馬シャルルマーニュ　3着
18年　－21馬ヴァンドギャルド　3着
20年　＋21馬ダノンザキッド　1着
21年　＋21馬イクイノックス　1着
22年　＋21馬ハーツコンチェルト　3着
※14年から継続中。16、19年は同騎手の騎乗ナシ。

前走２番人気馬自身か、その隣馬が３着以内
22年は１番人気ハーツコンチェルトが３着

16年　ムーヴザワールド　自身3着
17年　ルーカス　自身2着
18年　カテドラル　隣馬ニシノデイジー1着
19年　ゼンノジャスタ　隣馬アリジャンナ2着
20年　ダノンザキッド　自身1着
21年　イクイノックス　自身1着
22年　テンカノキジン　隣馬ハーツコンチェルト3着

GIII 京都2歳S

当たり馬番は連動する!

2023年11月25日　京都芝2000m（2歳）

正逆 7番 9番

京王杯スプリングC		京都2歳S		
2019年【逆8番】1着	→	2019年【正8番】	マイラプソディ	1着
2020年【逆2番】2着	→	2020年【逆2番】	ラーゴム	2着
2021年【逆8番】1着	→	2021年【逆8番】	ビーアストニッシド	2着
2022年【逆9番】2着	→	2022年【逆9番】	グリューネグリーン	1着
2023年【逆7番】1着 【逆9番】2着	➡	2023年	【正逆7番、9番】	

枠	馬番	父	馬名	母	毛色・斤量・性齢	騎手	調教師	賞金	馬主	生産者
白1	1	リアルスティール	アレクサ	アルテーロ 未勝	鹿 55 牡2	斎藤	斎藤誠	400	エクワインR	佐藤鉄也
黒2	2	ロードカナロア	シュタールヴィント	マルセリーナ 4勝	鹿 55 牡2	坂井	矢作	400	社台RH	社台F
黒2	3	アンクルモー	(外)サイブレーカー	ダウンサイドシナリオ 米	鹿 55 牡2	団野	武井	400	TNレーシング	アメリカ
赤3	4	デクラレーションオブウォー	トップナイフ	ビーウインド 未勝	青鹿 55 牡2	横山典	昆	1200	安原浩司	杵臼牧場
赤3	5	ハーツクライ	エゾダイモン	メジロツボネ 4勝	黒鹿 55 牡2	武豊	武幸	400	藤田晋	レイクヴィラF
青4	6	キタサンブラック	グランヴィノス	ハルーワスウィート 5勝	青鹿 55 牡2	川田	友道	400	佐々木主浩	ノーザンF
青4	7	ラブリーデイ	グリューネグリーン	レディーダービー 未勝	栗 55 牡2	Mデムーロ	相沢	400	斎藤光政	本間牧場
黄5	8	ハーツクライ	スマラグドス	エメラルドスター 英	栗 55 牡2	松山	西園正	400	グリーンファーム	社台F
黄5	9	キタサンブラック	ヴェルテンベルク	マルカアイチャン 2勝	鹿 55 牡2	西村淳	宮本	400	吉田照哉	社台F
緑6	10	ヴィクトワールピサ	コスモサガルマータ	エーソングフォー 2勝	黒鹿 55 牡2	ムーア	梅田智	900	ビッグレッドF	岡田S
緑6	11	ヴィクトワールピサ	アイルシャイン	ベストオブミー 2勝	鹿 55 牡2	福永	新谷	400	藤本竜二	千代田牧場
橙7	12	キズナ	ティムール	ホワイトローズII 米	黒鹿 55 牡2	鮫島駿	中竹	400	前田幸治	社台F
橙7	13	シルバーステート	ナイトキャッスル	サダムグランジュテ 5勝	鹿 55 牡2	Cデムーロ	音無	400	シルクR	白老F
桃8	14	グレーターロンドン	ロードプレイヤー	ホオポノポノ 1勝	鹿 55 牡2	岩田望	尾形和	400	ロードHC	アイズS
桃8	15	ビーチパトロール	ビキニボーイ	エバーアンドエバー 未出	鹿 55 牡2	浜中	梅田智	400	小林祥晃	谷岡牧場

2022年
京都2歳S

1着⑦グリューネグリーン	（5番人気）	馬連 4750円
2着④トップナイフ	（3番人気）	3連複 52300円
3着⑨ヴェルテンベルク	（11番人気）	3連単 285520円

注目サイン！

武豊騎手の13隣馬が3着以内
22年は5番人気グリューネグリーンが制す

17年　－13馬タイムフライヤー　2着
18年　＋13馬ブレイキングドーン　2着
19年　－13馬ロールオブサンダー　3着
20年　－13馬マカオンドール　3着
21年　＋13馬ジャスティンロック　1着
22年　－13馬グリューネグリーン　1着

岩田康誠騎手の10隣馬が3着以内
21年は自身騎乗の9番人気ビーアストニッシドが2着！

15年　＋10馬リスペクトアース　2着
17年　－10馬グレイル　1着
19年　＋10馬ミヤマザクラ　2着
20年　±10馬マカオンドール　3着
21年　±10馬ビーアストニッシド　2着
※16、18、22年は同騎手の騎乗ナシ。

前走①番ゲート馬自身か、その隣馬が3着以内
22年3着馬ヴェルテンベルクは11番人気、3連単28万馬券！

15年　コパノミライ　隣馬リスペクトアース2着
16年　カデナ　自身1着
17年　マイハートビート　隣馬タイムフライヤー2着
18年　クラージュゲリエ　自身1着
19年　マイラプソディ　自身1着
22年　コスモサガルマータ　隣馬ヴェルテンベルク3着
※20、21年は該当馬の出走ナシ。

馬名末尾が「ン」馬自身か、その隣馬が3着以内
20年は3番人気ワンダフルタウンが優勝

18年　ブレイキングドーン　自身2着
19年　ヒシタイザン　隣馬1着
20年　ワンダフルタウン　自身1着
22年　グリューネグリーン　自身1着
※21年は該当馬の出走ナシ。

GII 京阪杯

2023年11月26日　京都芝1200m（3歳上）

当たり馬番は連動する！

正逆 9番 13番

チューリップ賞		京阪杯		
2019 年【正 13 番】2着	→	2019 年【逆 13 番】	ライトオンキュー	1着
2020 年【正 13 番】1着	→	2020 年【正 13 番】	カレンモエ	2着
2021 年【正5番】 2着	→	2021 年【正5番】	タイセイビジョン	2着
2022 年【正6番】 1着	→	2022 年【正6番】	キルロード	2着
2023 年【正9番】 1着 【正 13 番】2着	➡	2023 年【正逆9番、13 番】		

枠	馬番	馬名	父	母	毛色 斤量 性齢	騎手	調教師	賞金	馬主	生産者
白1	1	ライトオンキュー	シャマーダル	グレイトタイミング米	鹿 58 牡7	古川吉	昆	7150	ゴドルフィン	ダーレージャパンF
白1	2	ビリーバー	モンテロッソ	デイドリーマー1勝	黒鹿 54 牝7	杉原	石毛	4450	ミルF	ミルF
黒2	3	プルパレイ	イスラボニータ	マイジエン米	鹿 55 牡3	岩田康	須貝尚	2900	GリビエールR	社台F
黒2	4	スマートクラージュ	ディープインパクト	レジェトウショウ3勝	鹿 56 牡5	岩田望	池江寿	3800	大川徹	いとう牧場
赤3	5	テイエムスパーダ	レッドスパーダ	トシザコジーン3勝	芦 53 牝3	今村	五十嵐	3550	竹園正繼	浦河小林牧場
赤3	6	キルロード	ロードカナロア	キルシュワッサー4勝	鹿 57 騸7	福永	田村	5000	エンジェルR	天羽禮治
青4	7	(地)ファストフォース	ロードカナロア	ラッシュライフ2勝	黒鹿 57 牡6	団野	西村	5250	安原浩司	三嶋牧場
青4	8	(外)マリアズハート	シャンハイボビー	マリアズダンス米	鹿 55 牝6	吉田隼	菊沢	5000	ノルマンディーTR	アメリカ
黄5	9	エイティーンガール	ヨハネスブルグ	センターグランタス1勝	青鹿 56 牝6	秋山真	飯田祐	8000	中山泰志	庄野牧場
黄5	10	サンライズオネスト	ダイワメジャー	サイモンドルチェ未勝	黒鹿 56 牡5	横山典	河内	3600	松岡隆雄	ヤナガワ牧場
緑6	11	タイセイビジョン	タートルボウル	ソムニア1勝	栗 58 牡5	三浦	西村	8600	田中成奉	ノーザンF
緑6	12	ヴァトレニ	グラスワンダー	チアフルスマイル8勝	鹿 56 騸4	和田竜	長谷川	3600	野田政義	フジワラF
橙7	13	ジュビリーヘッド	ロードカナロア	ローズノーブル4勝	鹿 56 牡5	横山和	安田隆	3200	キャロットF	ノーザンF
橙7	14	トウシンマカオ	ビッグアーサー	ユキノマーメイド4勝	栗 55 牡3	鮫島駿	高柳瑞	3750	サトー	服部牧場
桃8	15	ダイメイフジ	アグネスデジタル	ダイメイダーク1勝	鹿 57 牡8	西村淳	森田	5000	宮本昇	横井哲
桃8	16	ビアンフェ	キズナ	ルシュクル3勝	鹿 57 騸5	藤岡佑	中竹	6600	前田幸貴	ノースヒルズ

2022 年 京阪杯	1着⑭トウシンマカオ	（1番人気）	馬連 4090 円
	2着⑥キルロード	（10 番人気）	3連複 12580 円
	3着④スマートクラージュ	（4番人気）	3連単 60910 円

注目サイン！

ATTENTION

マル外馬の隣枠が３着以内
22 年は 10 番人気キルロード２着、馬連 4090 円！

15 年	隣枠ビッグアーサー	2着
16 年	隣枠ネロ	1着
17 年	隣枠イッテツ	3着
18 年	隣枠ダイアナヘイロー	3着
19 年	隣枠ライトオンキュー	1着
20 年	隣枠フィアーノロマーノ	1着
21 年	隣枠ファストフォース	3着
22 年	隣枠キルロード	2着

ATTENTION

前走スプリンターズＳ出走馬の隣馬が連対中
近４年は連続２着、馬単ならウラを買え

18 年	アレスバローズ	隣馬ダノンスマッシュ	1着
19 年	リナーテ	隣馬アイラブテーラー	2着
20 年	ラブカンプー	隣馬カレンモエ	2着
21 年	シヴァージ	隣馬タイセイビジョン	2着
22 年	テイエムスパーダ	隣馬キルロード	2着
	ファストフォース	隣馬キルロード	2着

ATTENTION

藤岡佑介騎手の 34 隣馬が連対中
18年は12番人気ナインテイルズ２着、馬連万馬券！

12 年	＋ 34 馬ハクサンムーン	1着
18 年	－ 34 馬ナインテイルズ	2着
20 年	＋ 34 馬カレンモエ	2着
22 年	－ 34 馬トウシンマカオ	1着

※ 09 年から継続中。13 ～ 17、19、21 年は同騎手の騎乗ナシ。

ATTENTION

前走１番人気馬自身か、その隣馬が３着以内
アタマはナシか、20 年は１番人気カレンモエも２着

18 年	ナインテイルズ	自身2着
19 年	アイラブテーラー	自身2着
20 年	カレンモエ	自身2着
21 年	オールアットワンス	隣馬タイセイビジョン2着
22 年	スマートクラージュ	自身3着

GⅡ ステイヤーズS

2023年12月2日　中山芝3600m（3歳上）

当たり馬番は連動する!

正逆 2番4番

中山記念	ステイヤーズS		
2019 年【逆 11 番】1着	→ 2019 年【正 11 番】	アルバート	2着
2020 年【逆3番】 2着	→ 2020 年【逆3番】	タガノディアマンテ	2着
2021 年【逆 11 番】2着	→ 2021 年【正 11 番】	ディバインフォース	1着
2022 年【逆 12 番】1着	→ 2022 年【正 12 番】	プリュムドール	2着
2023 年【逆4番】 1着 【逆2番】 2着	➡ 2023 年	**【正逆2番、4番】**	

桃8 14	桃8 13	橙7 12	橙7 11	緑6 10	緑6 9	黄5 8	黄5 7	青4 6	青4 5	赤3 4	赤3 3	黒2	白1
ゴールドシップ	オルフェーヴル	ゴールドシップ	キングカメハメハ	ルーラーシップ	ワークフォース	ハーツクライ	オルフェーヴル	キズナ	ダンカーク	オルフェーヴル	ルーラーシップ	キングカメハメハ	ディープインパクト
エドノフェリーチェ	アイアンバローズ	プリュムドール	カウディーリョ	ベスビアナイト	ディバインフォース	アドマイヤアルバ	シルヴァーソニック	ナムラカミカゼ	シークレットラン	メロディーレーン	マンオブスピリット	ユーキャンスマイル	ディアスティマ
ダイヤモンドギフト 未出	パレスルーマー 米	シュヴァリエ 3勝	ディアデラノビア 5勝	モルガナイト 4勝	ツクバビューティ 未勝	エリドゥバビロン 未勝	エアトゥーレ 6勝	ナムラシゲコ 1勝	カールファターレ 1勝	メーヴェ 5勝	サンデースマイルⅡ 英	ムードインディゴ 3勝	スウィートリーズン 米
芦 54 牝5	鹿 56 牡5	栗 54 牝4	黒鹿 56 牡6	鹿 56 騸5	鹿 57 牡6	鹿 56 騸7	芦 56 牡6	鹿 56 牡5	鹿 56 牡6	鹿 54 牝6	鹿 56 騸5	鹿 56 牡7	青鹿 56 牡5
替 Mデムーロ	岩田望	替 横山武	替 田辺	替 マーカンド	替 戸崎圭	替 松岡	替 レーン	酒井	替 内田博	替 菅原明	替 Hドイル	石橋脩	北村友
美 相沢	栗 上村	栗 奥村豊	美 堀	美 国枝	栗 寺島	美 堀内	栗 池江寿	栗 村山	美 田村	栗 森田	栗 斉藤崇	栗 友道	栗 高野
1500	5000	2400	3600	2500	4600	2000	2400	1500	2400	2400	2000	11,150	3800
8256	14,130	5791	8810	6112	15,000	7910	11,684	4874	8040	7310	4140	37,370	10,250
遠藤喜松	猪熊広次	ノルマンディーTR	キャロットF	サンデーR	吉田晴哉	近藤旬子	社台RH	奈村睦弘	亀井哲也	岡田牧雄	ホシノR	金子真人HD	サンデーR
フジワラF	ノーザンF	岡田S	ノーザンF	ノーザンF	追分F	ノーザンF	社台F	いとう牧場	ノーザンF	岡田S	ノーザンF	ノーザンF	ノーザンF

2022 年ステイヤーズS		
1着⑦シルヴァーソニック	（3番人気）	馬連 2720 円
2着⑫プリュムドール	（5番人気）	3連複 5770 円
3着⑨ディバインフォース	（4番人気）	3連単 30240 円

注目サイン！

7枠の逆3番が連対中
21年は6番人気ディバインフォースが優勝

18年　7枠・逆3番アドマイヤエイカン　2着
19年　7枠・逆3番アルバート　2着
20年　7枠・逆3番タガノディアマンテ　2着
21年　7枠・逆3番ディバインフォース　1着
22年　7枠・逆3番プリュムドール　2着

逆185番が連対中
22年は5番人気プリュムドール2着、馬連2720円

18年　逆185番アドマイヤエイカン　2着
19年　逆185番アルバート　2着
20年　逆185番オセアグレイト　1着
21年　逆185番ディバインフォース　1着
22年　逆185番プリュムドール　2着

前年連対馬の2隣馬が3着
22年は3番人気シルヴァーソニックが優勝

18年　アルバート（前年1着馬）
＋2馬モンドインテロ　3着
19年　リッジマン（前年1着馬）
＋2馬アルバート　2着
20年　アルバート（前年2着馬）
－2馬ボデザール　3着
22年　ディバインフォース（前年1着馬）
－2馬シルヴァーソニック　1着
※17年から継続中。21年は対象馬の出走ナシ。

馬名頭文字か末尾が「ア」馬自身か、その隣馬が3着以内
19年はワンツーで馬連2120円

19年　アルバート　隣馬モンドインテロ1着　自身2着
20年　ゴールドギア　隣馬タガディアマンテ2着
21年　アイアンバローズ　自身2着
22年　アドマイヤアルバ　隣馬シルヴァーソニック1着
隣馬ディバインフォース3着
※15年から継続中。

GII チャレンジC

当たり馬番は連動する！

2023年12月2日　阪神芝2000m（3歳上）

正逆 7番 9番

クイーンC		チャレンジC		
2019 年【正9番】 1着	→	2019 年【逆9番】	ロードマイウェイ	1着
2020 年【正1番】 1着	→	2020 年【逆1番】	ブラヴァス	2着
2021 年【正6番】 1着	→	2021 年【正6番】	ヒートオンビート	2着
2022 年【正 13 番】1着	→	2022 年【逆 13 番】	ルビーカサブランカ	2着
2023 年【正9番】 1着 【正7番】 2着	→	2023 年	【正逆7番、9番】	

1	白1	ディープインパクト	レッドベルオーブ	レッドファンタジア 未勝	青鹿 56 牡4	替 福永	藤原英	3500	8790	東京HR	ノーザンF
2	黒2	キングカメハメハ	ルビーカサブランカ	ムードインディゴ 3勝	栗 54 牝5	替 川田	須貝尚	4300	13,651	金子真人HD	ノーザンF
3	赤3	ルーラーシップ	エヒト	ヒーラ 3勝	鹿 56 牡5	田中勝	森	4550	11,599	平井裕	白井牧場
4	赤3	ジャングルポケット	サンレイポケット	アドマイヤパンチ 未勝	黒鹿 56 牡7	替 和田竜	高橋忠	4450	25,280	永井啓弍	[illegible]
5	青4	アメリカンペイトリオット	ビーアストニッシド	マオリオ 未出	黒鹿 56 牡3	岩田康	飯田雄	3700	8990	村中徹	ヴェルサイユF
6	青4	ハットトリック	(外)エアファンディタ	ノカゼ 米	黒鹿 56 牡5	川須	池添学	3800	9422	ラッキーF	アメリカ
7	黄5	ディープインパクト	メイショウテンゲン	メイショウベルーガ 7勝	芦 56 牡6	替 松山	池添兼	3900	12,620	松本好雄	三嶋牧場
8	黄5	ルーラーシップ	タイセイモンストル	ラブアクチュアリー 4勝	鹿 56 牡5	替 坂井	矢作	2400	7346	田中成奉	社台F
9	緑6	キングカメハメハ	ブラヴァス	ヴィルシーナ 5勝	鹿 56 牡6	替 ムーア	友道	6050	14,650	佐々木主浩	ノーザンF
10	緑6	オルフェーヴル	ソーヴァリアント	ソーマジック 4勝	鹿 56 牡4	替 ルメール	大竹	4650	10,560	社台RH	社台F
11	橙7	ワークフォース	パトリック	シャムローグ 未勝	鹿 56 牡6	藤岡佑	岡田	2400	10,378	カナヤマHD	松田牧場
12	橙7	ハービンジャー	ヒンドゥタイムズ	マハーバーラタ 1勝	鹿 56 騸6	替 武豊	斉藤崇	4650	15,040	シルクR	ノーザンF
13	桃8	オルフェーヴル	ディアマンミノル	イソノスワロー 未勝	栗 56 牡5	荻野極	本田	3600	12,631	吉岡實	村下農場
14	桃8	ニホンピロアワーズ	ニホンピロスクーロ	ニホンピロエミリー 未勝	青鹿 56 騸5	吉田隼	服部	2400	7661	小林英一	友田牧場

2022 年 チャレンジC			
	1着⑩ソーヴァリアント	（1番人気）	馬連 1480 円
	2着②ルビーカサブランカ	（4番人気）	3連複 4350 円
	3着③エヒト	（8番人気）	3連単 14180 円

注目サイン！

ATTEN TION

正逆33番が連対中
22年は1番人気ソーヴァリアントが順当勝ち

18年	正33番	エアウィンザー	1着
19年	逆33番	ロードマイウェイ	1着
20年	正33番	ブラヴァス	2着
21年	正33番	ソーヴァリアント	1着
22年	逆33番	ソーヴァリアント	1着

※他に「正逆100番が連対」も継続中。

ATTEN TION

川田将雅騎手の99隣馬が3着以内
22年は8番人気エヒトが3着、3連単万馬券！

15年	±99馬	フルーキー	1着
16年	±99馬	ケイティープライド	3着
17年	−99馬	デニムアンドルビー	2着
19年	−99馬	トリオンフ	2着
20年	±99馬	レイパパレ	1着
21年	±99馬	ヒートオンビート	2着
22年	＋99馬	エヒト	3着

※18年は同騎手の騎乗ナシ。

ATTEN TION

岩田康誠騎手の9隣馬が連対中
近2年はソーヴァリアントが連覇

18年	−9馬	マウントゴールド	2着
19年	＋9馬	ロードマイウェイ	1着
21年	＋9馬	ソーヴァリアント	1着
22年	−9馬	ソーヴァリアント	1着

※20年は同騎手の騎乗ナシ。

ATTEN TION

1番人気馬自身か、その隣馬が3着以内
20年は1番人気レイパパレが優勝

17年	サトノクロニクル	自身1着
18年	レイエンダ	隣馬エアウィンザー1着
19年	ギベオン	隣馬ブレステイキング3着
20年	レイパパレ	自身1着
21年	ソーヴァリアント	自身1着
22年	ソーヴァリアント	自身1着

GII 中日新聞杯

2023年12月9日　中京芝2000m（3歳上）

当たり馬番は連動する！

正逆 6番7番

マイラーズC	中日新聞杯		
2019年【正8番】2着	→ 2019年【逆8番】	ラストドラフト	2着
2020年【正5番】2着	→ 2020年【逆5番】	シゲルピンクダイヤ	2着
2021年【正6番】2着	→ 2021年【正6番】	アフリカンゴールド	2着
2022年【逆3番】1着	→ 2022年【逆3番】	マウンテンレオ	2着
2023年【逆6番】1着 【正7番】2着	➡ 2023年	**【正逆6番、7番】**	

桃8	18	アスクワイルドモア	キズナ	ラセレシオン 3勝	55	牡3	岩田望	藤原英	3700	8190	廣崎利洋HD	社台F
桃8	17	プリマヴィスタ	ハーツクライ	サンヴァンサン 3勝	53	牝5	坂井	矢作	2400	5940	加藤裕司	白老F
桃8	16	マテンロウレオ	ハーツクライ	サラトガヴィーナス 3勝	56	牡3	横山典	昆	3800	7300	寺田千代乃	猪野毛牧場
橙7	15	ソフトフルート	ディープインパクト	ストロベリーフェア 英	53	牝5	酒井	斉藤崇	2400	13,669	ゴドルフィン	ダーレージャパンF
橙7	14	トゥーフェイス	モーリス	マスクオフ 1勝	54	牡4	Mデムーロ	新開	2400	7860	社台RH	社台F
橙7	13	ダンディズム	マンハッタンカフェ	ビューティーコンテスト 愛	54	騸6	富田	野中	2500	7802	カナヤマHD	三嶋牧場
緑6	12	バジオウ	ルーラーシップ	フローレスダンサー 1勝	54	牡4	岩田康	田中博	2500	5580	鈴木剛史	社台F
緑6	11	カントル	ディープインパクト	ミスアンコール 1勝	54	牡6	イーガン	藤原英	2400	9460	金子真人HD	ノーザンF
黄5	10	イクスプロージョン	オルフェーヴル	ファシネイション 未勝	56	牡4	和田竜	杉山晴	3600	9377	近藤英子	ノーザンF
黄5	9	アイコンテーラー	ドゥラメンテ	ボイルトウショウ 未勝	52	牝4	菱田	河内	2400	6730	中西浩一	島山牧場
青4	8	ギベオン	ディープインパクト	コンテスティッド 米	57	牡7	西村淳	藤原英	9150	21,790	社台RH	社台F
青4	7	フォワードアゲン	ローズキングダム	エーシンシャイナー 未勝	53	騸5	江田照	中野栄	2400	7752	浅川皓司	信田牧場
赤3	6	プログノーシス	ディープインパクト	ヴェルダ 英	56	牡4	藤岡佑	中内田	2400	6560	社台RH	社台F
赤3	5	アルジャンナ	ディープインパクト	コンドコマンド 米	54	騸5	角田和	奥村豊	2950	7100	黒川暁子	ノーザンF
黒2	4	ワンダフルタウン	ルーラーシップ	シーオブラブ 未勝	57	牡4	幸	高橋忠	4700	9920	三田昌宏	ノーザンF
黒2	3	ハヤヤッコ	キングカメハメハ	マシュマロ 2勝	[illegible]	牡6	浜中	国枝	7650	19,420	金子真人HD	ノーザンF
白1	2	コトブキテティス	ハービンジャー	エヴァ 2勝	51	牝5	今村	田島俊	2400	6517	尾上松壽	斉藤S
白1	1	キラーアビリティ	ディープインパクト	キラーグレイシス 米	56	牡3	団野	斉藤崇	3900	8260	キャロットF	ノーザンF

2022年 中日新聞杯			
1着	①キラーアビリティ	（5番人気）	馬連 2920円
2着	⑯マテンロウレオ	（4番人気）	3連複 34010円
2着	⑨アイコンテーラー	（10番人気）	3連単 151620円

注目サイン！

ATTENTION

正逆 10 番が３着以内
アタマはナシの２、３着量産型

17 年	正 10 番ミッキーロケット	2着
18 年	正 10 番ショウナンバッハ	2着
19 年	逆 10 番アイスストーム	3着
20 年	逆 10 番ヴェロックス	3着
21 年	逆 10 番シゲルピンクダイヤ	3着
22 年	逆 10 番アイコンテーラー	3着

ATTENTION

馬名頭文字か末尾が「ト」馬自身か、その隣馬が３着以内
21 年は 17 番人気アフリカンゴールド２着で大波乱！

18 年	ドレッドノータス	隣馬ギベオン1着
19 年	サトノガーネット	自身1着
20 年	サトノガーネット	隣馬ボッケリーニ1着
	タガノアスワド	隣馬ヴェロックス3着
21 年	ラストドラフト	隣馬アフリカンゴールド2着
22 年	ソフトフルート	隣馬マテンロウレオ2着

※「ド」も対象。

ATTENTION

幸英明騎手の隣枠 vs ３隣枠で２頭３着以内
16 年はワンツーで枠連 1020 円

05 年	－1枠1着	＋3枠2着
07 年	－1枠3着	＋3枠2着
12 年	＋1枠2着	－3枠1着
16 年	－1枠1着	＋3枠2着
22 年	－1枠1着	＋3枠3着

※ 06、08 ～ 11、13 ～ 15、17 ～ 21 年は同騎手の騎乗ナシ。

ATTENTION

和田竜二騎手の枠が３着以内
22 年は 10 番人気アイコンテーラー３着、３連単 15 万馬券！

08 年	フサイチアソート	2着
17 年	ミッキーロケット	2着
20 年	シゲルピンクダイヤ	2着
21 年	シゲルピンクダイヤ	3着
22 年	アイコンテーラー	3着

※ 09 ～ 16、18、19 年は同騎手の騎乗ナシ。

GIII カペラS

当たり馬番は連動する!

2023年12月10日　中山ダ1200m（3歳上）

正逆 1番15番

安田記念		カペラS		
2019年【逆12番】1着	→	2019年【正12番】	テーオージーニアス	2着
2020年【逆4番】 1着	→	2020年【逆4番】	ジャスティン	1着
2021年【逆4番】 1着	→	2021年【正4番】	ダンシングプリンス	1着
2022年【逆6番】 1着	→	2022年【正6番】	リメイク	1着
2023年【逆1番】 1着 【逆15番】2着	➡	2023年	【正逆1番、15番】	

1	白1	ヴァーミリアン(中)	(地)リュウノユキナ	ネオカラー 未出(中)	芦 56 牡7	柴田善	小野次	11,350	28,750	蓑島竜一	藤川F
2	白1	サウスヴィグラス(短)	シンシティ	ジェネロシティー 1勝(マ)	黒鹿 54 牝5	富田	木原	3200	7733	安藤晋平	高昭牧場
3	黒2	オルフェーヴル(持)	ジャスティン	シナスタジア 2勝(短)	栗 57 牡6	マーカンド	矢作	9700	22,504	小田吉男	天羽禮治
4	黒2	ヴァイオレンス(マ)	(外)ジャスパープリンス	アンビシャスジャーニー 加(中)	鹿 56 牡7	田中勝	森	5200	11,115	加藤和夫	アメリカ
5	赤3	モーリス(持)	ハコダテブショウ	イチノヤジョウ 3勝(短)	鹿 56 牡4	石川	相沢	3600	6570	河内孝夫	中地康弘
6	赤3	ラニ(持)	リメイク	サリエル 4勝(短)	栗 55 牡3	福永	新谷	3330	6216	前田幸治	ノースヒルズ
7	青4	マジェスティックウォリアー(短)	(外)エアアルマス	ノカゼ 米(中)	鹿 57 牡7	川須	池添学	8950	20,422	ラッキーF	アメリカ
8	青4	リオンディーズ(マ)	ヤマトコウセイ	メルティーキス 未勝(マ)	鹿 53 牝3	小林脩	武井	2400	4690	鈴木正浩	[illegible]
9	黄5	フリオーソ(持)	クロジシジョー	サイレンスラヴ 未勝(短)	青鹿 55 牡3	戸崎圭	岡田	2400	6838	河内孝夫	増尾牧場
10	黄5	サウスヴィグラス(短)	ヒロシゲゴールド	エフテーストライク 3勝(短)	青鹿 56 牡7	北村宏	北出	7760	19,345	ウエストヒルズ	斉藤正男
11	緑6	サウスヴィグラス(短)	(地)アティード	ロックフォーティ 未出(マ)	栗 56 牡4	田辺	加藤士	2250	5222	高瀬正志	小林仁
12	緑6	キズナ(持)	オーヴァーネクサス	オーヴァーアンダー 米(マ)	鹿 56 牡5	大野	松下	3600	8220	ヒダカBU	須崎牧場
13	橙7	アイルハヴアナザー(中)	オメガレインボー	ワイキューブ 4勝(中)	栗 56 牡6	岩田康	安田翔	4300	16,145	原禮子	岡田S
14	橙7	ドレフォン(短)	カルネアサーダ	ハラペーニョペパー 3勝(マ)	芦 53 牝3	菅原明	加用	2400	5786	吉田照哉	社台F
15	桃8	スペイツタウン(短)	(外)ピンシャン	ビューティアンドライト 米(中)	栗 56 牡5	松岡	森	5000	9623	冨士井直哉	アメリカ
16	桃8	フェノーメノ(持)	レディオマジック	ストリートキャット 未出(マ)	黒鹿 56 牡5	藤岡佑	佐々木晶	2400	5830	Him Rock KHD	タバタF

2022年 カペラS			
	1着⑥リメイク	（2番人気）	馬連 1000円
	2着①リュウノオキナ	（1番人気）	3連複 2800円
	3着③ジャスティン	（7番人気）	3連単 11080円

注目サイン！

マル外馬の４隣馬が３着以内
21 年は３番人気ダンシングプリンスが優勝

19 年　ハニージェイド
　　　－4馬コパノキッキング　　1着
20 年　ロンドンテソーロ
　　　＋4馬ダンシングプリンス　3着
21 年　モズスーパーフレア
　　　＋4馬ダンシングプリンス　1着
22 年　エアアルマス
　　　－4馬ジャスティン　　　　3着
※ 15 年から継続中。

前年大野拓弥騎手騎乗枠の隣枠が３着以内
23 年は５、７枠に期待

19 年7枠大野－1枠　→　20 年6枠レッドルゼル　　　　2着
20 年3枠大野－1枠　→　21 年2枠ダンシングプリンス　1着
21 年3枠大野－1枠　→　22 年2枠ジャスティン　　　　3着
22 年6枠大野の隣枠　→　23 年5枠、7枠が候補
※ 16 年から継続中。

前走１着馬の隣馬が３着以内
22 年は２番人気リメイクが優勝

18 年　コパノキッキング　隣馬キタサンミカヅキ　　3着
19 年　ハニージェイド　　隣馬テーオージーニアス　2着
20 年　レッドルゼル　　　隣馬ジャスティン　　　　1着
21 年　デュアリスト　　　隣馬ダンシングプリンス　1着
22 年　ハコダテブショウ　隣馬リメイク　　　　　　1着
※ 15 年から継続中。

三浦皇成騎手の隣枠が連対中
21 年は１番人気リュウノユキナが２着

17 年　隣枠ディオスコリダー　　1着
18 年　隣枠サイタスリーレッド　2着
19 年　隣枠テーオージーニアス　2着
20 年　隣枠レッドルゼル　　　　2着
21 年　隣枠リュウノユキナ　　　2着

GⅢ ターコイズS

当たり馬番は連動する！

2023年12月16日　中山芝1600m（3歳上牝馬）

正逆 4番 7番

アンタレスS		ターコイズS		
2019 年【逆8番】1着	→	2019 年【正8番】	エスポワール	2着
2020 年【逆9番】1着	→	2020 年【逆9番】	スマイルカナ	1着
2021 年【逆9番】2着	→	2021 年【正9番】	アンドラステ	2着
2022 年【逆4番】2着	→	2022 年【逆4番】	ミスニューヨーク	1着
2023 年【逆4番】1着 【逆7番】2着	➡	2023 年	【正逆4番、7番】	

1	白1	フラーズダルム	キズナ	クーデグレイス 4勝	鹿	53	牝4	替 戸崎圭	栗 松永昌	2400	7835	吉田勝己	ノーザンF
2	白1	ママコチャ	クロフネ	ブチコ 4勝	鹿	53	牝3	松山	栗 池江寿	2400	6290	金子真人HD	ノーザンF
3	黒2	スカイグルーヴ	エピファネイア	アドマイヤセプター 5勝	栗	55	牝5	ルメール	美 木村	4000	9972	シルクR	ノーザンF
4	黒2	サブライムアンセム	ロードカナロア	パストフォリア 4勝	鹿	54	牝3	替 岩田望	栗 藤原英	3000	6440	サンデーR	ノーザンF
5	赤3	アブレイズ	キズナ	エディン 5勝	青鹿	56	牝5	替 Hドイル	栗 池江寿	4100	9090	前田幸貴	ノースヒルズ
6	赤3	アナザーリリック	リオンディーズ	アンソロジー 2勝	鹿	56	牝4	替 マーカンド	美 林	4500	8920	シルクR	ノーザンF
7	青4	シャーレイポピー	ミッキーアイル	オリエンタルポピー 未勝	鹿	53	牝4	替 横山武	栗 石坂公	2400	6770	キャロットF	ノーザンF
8	青4	レイハリア	ロードカナロア	ライトリーチューン 未勝	鹿	56	牝4	松岡	美 田島俊	4850	10,448	ヒダカBU	谷岡牧場
9	黄5	フェルミスフィア	エピファネイア	フェルミオン 1勝	栗	53	牝5	杉原	美 木村	2400	6620	キャロットF	ノーザンF
10	黄5	シャドウディーヴァ	ハーツクライ	ダイヤモンドディーバ 英	黒鹿	56	牝6	替 イーガン	美 斎藤誠	7000	19,260	スリーエイチR	ノーザンF
11	緑6	ライティア	ディープインパクト	シンハリーズ 英	鹿	54	牝5	替 三浦	栗 池添学	2400	8120	キャロットF	ノーザンF
12	緑6	ローザノワール	マンハッタンカフェ	ダノンスズラン 公	青鹿	54	牝6	田中勝	栗 西園正	3800	11,687	渡邉直樹	下河辺牧場
13	橙7	ミスニューヨーク	キングズベスト	マンハッタンミート 1勝	青鹿	55	牝5	Mデムーロ	栗 杉山晴	4200	14,377	高昭牧場	高昭牧場
14	橙7	エリカヴィータ	キングカメハメハ	マルシアーノ 3勝	青	54	牝3	福永	美 国枝	3000	5900	三木正浩	ノーザンF
15	桃8	ウインシャーロット	スクリーンヒーロー	マリアヴェロニカ 2勝	鹿	55	牝4	石川	美 和田郎	3800	10,070	ウイン	コスモヴューF
16	桃8	フィアスプライド	ディープインパクト	ストロベリーフェア 英	青鹿	53	牝4	替 大野	美 国枝	2400	5281	ゴドルフィン	ダーレージャパンF

2022 年	1着⑬ミスニューヨーク（2番人気）	馬連 2310 円
ターコイズ	2着⑮ウインシャーロット（4番人気）	3連複 17820 円
S	3着⑯フィアスプライド（12 番人気）	3連単 71190 円

注目サイン！

ATTEN TION

6歳馬の隣馬が3着以内
22年は2番人気ミスニューヨークが優勝

17年	ペイシャフェリス	隣馬デンコウアンジュ	3着
19年	フロンデアクイーン	隣馬エスポワール	3着
21年	ムーンチャイム	隣馬アンドラステ	2着
22年	ローザノワール	隣馬ミスニューヨーク	1着

※15年から継続中。18、20年は対象馬の出走ナシ。

ATTEN TION

前年3着馬番の隣が3着以内
22年は12番人気フィアスプライド3着で3連単7万馬券！

18年3着⑥番	→	19年⑦番シゲルピンクダイヤ	3着
19年3着⑦番	→	20年⑧番スマイルカナ	1着
20年3着③番	→	21年②番ミスニューヨーク	1着
21年3着⑮番	→	22年⑯番フィアスプライド	3着
22年3着⑯番	→	23年⑯番の隣が候補	

※フルゲート16頭の場合、⑯の隣は⑮、①となる。

ATTEN TION

石川裕紀人騎手の2隣馬が3着以内
22年は自身騎乗ウインシャーロット2着で馬連2310円

14年	−2馬マーブルカテドラル	2着
15年	＋2馬シングウィズジョイ	1着
16年	−2馬カフェブリリアント	3着
20年	＋2馬スマイルカナ	1着
22年	−2馬ミスニューヨーク	1着

※17、18、21年は同騎手の騎乗ナシ。

ATTEN TION

前走1着馬の隣馬が3着以内
20年は3番人気アンドラステが2着

17年	ミスパンテール	隣馬フロンテアクイーン	2着
18年	リナーテ	隣馬ミスパンテール	1着
19年	エスポワール	隣馬シゲルピンクダイヤ	3着
20年	インターミッション	隣馬アンドラステ	2着
21年	ドナウデルタ	隣馬ミスニューヨーク	1着
22年	フィアスプライド	隣馬ウインシャーロット	2着

GII 阪神C

2023年12月23日　阪神芝1400m（３歳上）

当たり馬番は連動する！

正逆　3番 11番

金鯱賞		阪神C		
2019 年【正９番】	1着 →	2019 年【逆９番】	フィアーノロマーノ	2着
2020 年【正１番】	1着 →	2020 年【逆１番】	マルターズディオサ	2着
2021 年【逆７番】	1着 →	2021 年【逆７番】	グレナディアガーズ	1着
2022 年【正５番】	1着 →	2022 年【逆５番】	ダイアトニック	1着
2023 年【正３番】 1着 【逆 11 番】 1着	➡	2023 年	【正逆3番、11 番】	

1	白1	ロードカナロア	カイザーミノル	ストライクルート公	鹿 57 牡6	替荻野極	北出	3800	15,032	吉岡實	フジワラF
2	白1	アグネスデジタル	ダイメイフジ	ダイメイダーク1勝	鹿 57 牡8	替菱田	森田	5000	22,730	宮本昇	横井哲
3	黒2	リアルインパクト	ラウダシオン	アンティフォナ1勝	鹿 57 牡5	替ムルザバエフ	斉藤崇	12,350	27,812	シルクR	白老F
4	黒2	ドリームジャーニー	トゥラヴェスーラ	ジャジャマーチャン未出	鹿 57 牡7	鮫島駿	高橋康	6300	19,315	吉田照哉	社台F
5	赤3	ディープブリランテ	ミッキーブリランテ	エピックラヴ愛	鹿 57 牡6	和田竜	矢作	5400	17,410	野田みづき	ノーザンF
6	赤3	ロードカナロア	メイショウチタン	ラルティスタ3勝	黒鹿 57 牡5	替国分恭	本田	2400	8215	松本好雄	松田牧場
7	青4	キズナ	バスラットレオン	バスラットアマル未出	鹿 57 牡4	替川田	矢作	6930	18,164	広尾レース	三嶋牧場
8	青4	イスラボニータ	プルパレイ	マイジェン米	鹿 56 牡3	替西村淳	須貝尚	2900	7170	G[illegible]エールR	社台F
9	黄5	シャマーダル	ライトオンキュー	グレイトタイミング米	鹿 57 牡7	古川吉	昆	7150	16,364	ゴドルフィン	ダーレージャパン[illegible]
10	黄5	ポイントオブエントリー	外ロータスランド	リトルミスマフェット米	鹿 55 牝5	岩田望	辻野	10,150	21,690	小林英一HD	アメリカ
11	緑6	ディスクリートキャット	ルチェカリーナ	アンリミテッドピサ1勝	栗 55 牝4	替Mデムーロ	高橋忠	2400	7907	加藤徹	大狩部牧場
12	緑6	ディープインパクト	エントシャイデン	ルシュクル3勝	芦 57 牡7	坂井	矢作	5300	16,542	前田幸治	ノースヒルズ
13	橙7	ダイワメジャー	オパールシャルム	ジルコニア3勝	栗 55 牝5	替松若	武藤	3600	11,080	落合幸弘	下河辺牧場
14	橙7	ロードカナロア	ダイアトニック	トゥハーモニー未勝	鹿 57 牡7	岩田康	安田隆	14,600	38,670	シルクR	酒井牧場
15	橙7	ロードカナロア	キングオブコージ	ファイノメナ愛	鹿 57 牡6	替横山典	安田翔	8350	19,750	増田和啓	白老F
16	桃8	ロードカナロア	ルプリュフォール	マイノチカラ公	鹿 57 騸6	武豊	松永幹	3800	11,446	名古屋友豊	社台F
17	桃8	シャマーダル	外トリプルエース	トリプルピルエット公	青鹿 57 牡5	替福永	斉藤崇	2500	8200	ゴドルフィン	アイルランド
18	桃8	フランケル	グレナディアガーズ	ウェイヴェルアベニュー加	鹿 57 牡4	Cデムーロ	中内田	8000	19,647	サンデーR	ノーザンF

2022 年 阪神C			
	1着⑭ダイアトニック	（1番人気）	馬連 1040 円
	2着⑱グレナディアガーズ	（2番人気）	3連複 20990 円
	3着③ラウダシオン	（11 番人気）	3連単 77230 円

注目サイン！

ATTEN TION

馬名頭文字か末尾が「ク」馬自身か、その隣馬が3着以内
18年は12番人気スターオブペルシャが3着激走！

15年　クラレント　隣馬ロサギガンティア1着
16年　グランシルク　隣馬フィエロ3着
17年　タガノブルグ　隣馬イスラボニータ1着
18年　ムーンクエイク　隣馬スターオブペルシャ3着
19年　グランアレグリア　自身1着
20年　クラヴィスオレア　隣馬ダノンファンタジー1着
21年　グレナディアガーズ　自身1着
22年　ダイアトニック　自身1着
※「グ」も対象。

ATTEN TION

M・デムーロ騎手の51隣馬が3着以内
22年は1番人気ダイアトニックが優勝

11年　＋51馬サンカルロ　1着
15年　±51馬ロサギガンティア　1着
16年　＋51馬シュウジ　1着
18年　＋51馬ミスターメロディ　2着
21年　－51馬ダノンファンタジー　3着
22年　－51馬ダイアトニック　1着
※12～14、17、19、20年は同騎手の騎乗ナシ。

ATTEN TION

前走5着馬自身か、その隣馬が3着以内
19年は名牝グランアレグリアが5馬身差圧勝！

15年　クラレント　隣馬ロサギガンティア1着
隣馬ダンスディレクター2着
16年　ラインハート　隣馬イスラボニータ2着
17年　イスラボニータ　自身1着
18年　ミスターメロディ　自身2着
19年　グランアレグリア　自身1着
20年　クリノガウディー　隣馬マルターズディオサ2着
21年　ホウオウアマゾン　自身2着
22年　キングオブコージ　隣馬ダイアトニック1着

注目サイン！

ATTEN TION

横山典弘騎手の隣枠が連対中
22 年は２番人気２着のグレナディアガーズが該当

12 年　隣枠サンカルロ　1着
17 年　隣枠イスラボニータ　1着
19 年　隣枠フィアーノロマーノ　2着
21 年　隣枠ホウオウアマゾン　2着
22 年　隣枠グレナディアガーズ　2着
※ 13 ～ 16、18、20 年は同騎手の騎乗ナシ。

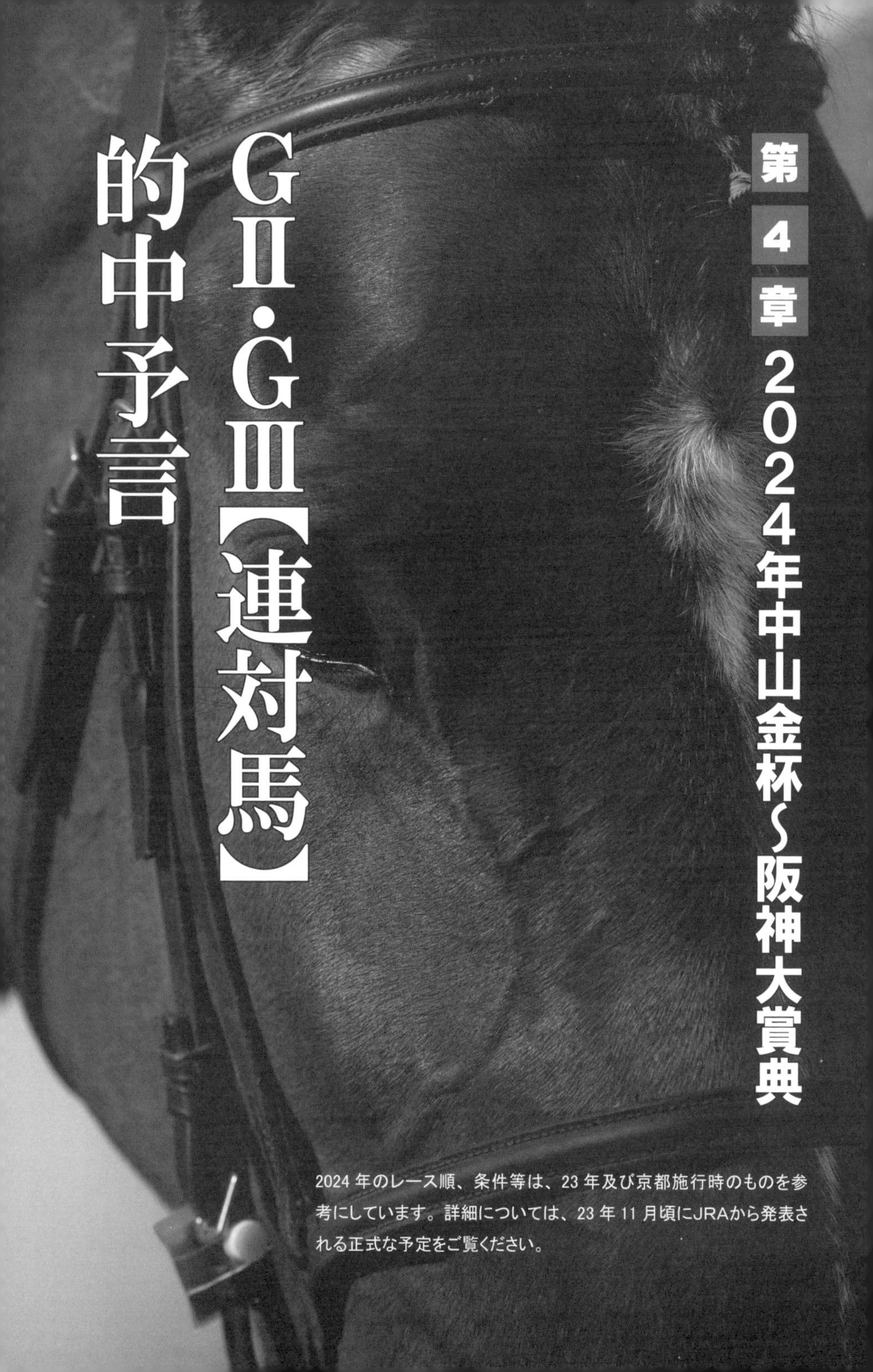

第4章 2024年中山金杯〜阪神大賞典

GⅡ・GⅢ【連対馬】的中予言

2024年のレース順、条件等は、23年及び京都施行時のものを参考にしています。詳細については、23年11月頃にJRAから発表される正式な予定をご覧ください。

GⅢ 中山金杯

2024年１回中山　芝2000m（４歳上）

当たり馬番は連動する！

正逆 1番 9番

阪神牝馬S			中山金杯			
2019 年	【正8番】	1着	→ 2020 年	【正8番】	ウインイクシード	2着
2020 年	【正 15 番】	2着	→ 2021 年	【逆 15 番】	ココロノトウダイ	2着
2021 年	【正 10 番】	1着	→ 2022 年	【逆 10 番】	レッドガラン	1着
2022 年	【正2番】	2着	→ 2023 年	【正2番】	クリノプレミアム	1着
2023 年	【正9番】	1着	➡ 2024 年	【正逆1番、9番】		
	【正1番】	2着				

枠	馬番	馬名	父	母	毛色・斤量・性齢	騎手	調教師	賞金	総賞金	馬主	生産者
白1	1	マテンロウレオ	ハーツクライ	サラトガヴィーナス 3勝	黒鹿 57.5 牡4	横山和	昆	4650	9000	寺田千代乃	猪野毛牧場
白1	2	クリノプレミアム	オルフェーヴル	ダンシングクイーン 1勝	栗 55 牝6	Mデムーロ	伊藤伸	5100	13,266	栗本博晴	吉田F
黒2	3	ラーグルフ	モーリス	アバンドーネ 未勝	黒鹿 56 牡4	戸崎圭	宗像	2500	7800	村木隆	スマイルF
黒2	4	レインカルナティオ	ルーラーシップ	リビングプルーフ 3勝	鹿 55 牡6	石川	小西	2400	6750	サンデーR	ノーザンF
赤3	5	フェーングロッテン	ブラックタイド	ピクシーホロウ 3勝	鹿 56 牡4	松若	宮本	3600	8250	サンデーR	ノーザンF
赤3	6	スカーフェイス	ハーツクライ	スプリングサンダー 5勝	鹿 56 牡7	石橋脩	橋田	3250	9466	伊藤佳幸	グランド牧場
青4	7	アラタ	キングカメハメハ	サンシャイン 3勝	鹿 57 牡6	横山武	和田勇	3600	10,800	村田能光	社台F
青4	8	カレンルシェルブル	ハービンジャー	カレンケカリーナ 5勝	鹿 56 牡5	斎藤	安田翔	2400	8311	鈴木隆司	社台F
黄5	9	ヒュミドール	オルフェーヴル	アヴェクトワ 未勝	鹿 56 騸7	田辺	小手川	4000	10,655	サンライズ	宮内牧場
黄5	10	コスモカレンドゥラ	ノヴェリスト	ミルルーテウス 1勝	栗 56 牡7	柴田大	田中博	3600	10,550	ビッグレッドF	ビッグレッドF
緑6	11	ラーゴム	オルフェーヴル	シュガーショック 米	栗 58 牡5	バシュロ	斉藤崇	6490	13,968	林正道	ノーザンF
緑6	12	ウインキートス	ゴールドシップ	イクスキューズ 3勝	黒鹿 55 牝6	松岡	宗像	6600	19,881	ウイン	コスモヴューF
橙7	13	フォワードアゲン	ローズキングダム	エーシンシャイナー 未勝	黒鹿 54 騸6	江田照	中野栄	2400	7752	浅川皓司	信田牧場
橙7	14	ワンダフルタウン	ルーラーシップ	シーオブラブ 未勝	鹿 58 牡5	津村	高橋忠	4700	9920	三田昌宏	ノーザンF
桃8	15	レッドランメルト	ディープインパクト	クイーンズアドヴァイス 英	鹿 55 牡4	北村宏	国枝	2400	5830	東京HR	社台牧場
桃8	16	ゴールドスミス	ステイゴールド	ザミリア 愛	黒鹿 57 騸9	大野	高柳瑞	3850	10,495	ゴドルフィン	ダーレージャパンF
桃8	17	エヴァーガーデン	アイルハヴアナザー	モエレカトリーナ 2勝	黒鹿 53 牝6	丹内	深山	2400	9902	コスモヴューF	コスモヴューF

2023 年 中山金杯			
	1着③ラーグルフ	（1番人気）	馬連 3690 円
	2着②クリノプレミアム	（7番人気）	3連複 8170 円
	3着⑤フェーングロッテン	（2番人気）	3連単 44340 円

注目サイン！

ATTENTION

ハンデ「0.5」馬の隣馬が連対中
23 年は７番人気クリノプレミアム２着で馬連 3690 円！

20 年	ギベオン 57.5 キロ	隣馬ウインイクシード	2着
21 年	マイネルサーパス 56.5 キロ	隣馬ココロノトウダイ	2着
22 年	トーセンスーリヤ 57.5 キロ	隣馬レッドガラン	1着
23 年	マテンロウレオ 57.5 キロ	隣馬クリノプレミアム	2着

ATTENTION

石橋脩騎手の２隣枠が３着以内
19 年は７番人気ステイフーリッシュ２着で馬連 4570 円！

15 年	－2枠ラブリーデイ	1着
17 年	－2枠クラリティスカイ	2着
18 年	＋2枠セダブリランテス	1着
19 年	－2枠ステイフーリッシュ	2着
20 年	－2枠トリオンフ	1着
22 年	＋2枠ヒートオンビート	3着
23 年	－2枠クリノプレミアム	2着

※ 12 年から継続中。16、21 年は同騎手の騎乗ナシ。

ATTENTION

津村明秀騎手の 11 隣馬が３着以内
23 年１番人気で優勝のラーグルフが該当

19 年	＋ 11 馬ウインブライト	1着
20 年	－ 11 馬ウインイクシード	2着
21 年	＋ 11 馬ウインイクシード	3着
22 年	－ 11 馬レッドガラン	1着
23 年	－ 11 馬ラーグルフ	1着

ATTENTION

正逆 10 番か 15 番が連対中
22 年は４番人気レッドガランが優勝

19 年	正 15 番ステイフーリッシュ	2着
20 年	逆 10 番ウインイクシード	2着
21 年	逆 15 番ココロノトウダイ	2着
22 年	逆 10 番レッドガラン	1着
23 年	逆 15 番ラーグルフ	1着

GIII 京都金杯

2024年１回京都　芝1600m（４歳上）

当たり馬番は連動する！

正逆　8番　11番

毎日杯		京都金杯		
2019 年【逆 13 番】	1着	→ 2020 年【逆 13 番】	ダイアトニック	2着
2020 年【正2番】	2着	→ 2021 年【正2番】	ケイデンスコール	1着
2021 年【正7番】	2着	→ 2022 年【正7番】	ザダル	1着
2022 年【正7番】	2着	→ 2023 年【正7番】	イルーシヴパンサー	1着
2023 年【逆 11 番】 【正8番】	1着 2着	➡ 2024 年	**【正逆8番、11 番】**	

16	桃8	ディープブリランテ	ミッキーブリランテ	エピックラヴ愛	鹿 57.5 牡7	藤岡佑	矢作	5400	17,410	野田みづき	ノーザンF
15		ミッキーアイル	シャーレイポピー	オリエンタルポピー未勝	鹿 53 牝5	富田	石坂公	2400	6770	キャロットF	ノーザンF
14	橙7	ロードカナロア	カイザーミノル	ストライクルート公	鹿 57 牡7	荻野極	北出	3800	15,032	吉岡實	フジワラF
13		エイシンフラッシュ	オニャンコポン	シャリオドール未勝	鹿 56 牡4	菅原明	小島茂	2900	6360	田原邦男	社台F
12	緑6	ハーツクライ	シュリ	エーゲリア未勝	黒鹿 58 牡7	鮫島駿	池江寿	6000	12,277	前田幸貴	ノースヒルズ
11		ディープインパクト	エントシャイデン	ルシュクル3勝	芦 57.5 牡8	坂井	矢作	5300	16,542	前田幸治	ノースヒルズ
10	黄5	ダイワメジャー	マテンロウオリオン	パルテノン未勝	黒鹿 57 牡4	横山典	昆	6200	12,690	寺田千代乃	ムラカミF
9		キングカメハメハ	ダイワキャグニー	トリプレックス4勝	黒鹿 58 騸9	岩田康	菊沢	9000	28,800	大城正一	社台F
8	青4	ハーツクライ	ヴィクティファルス	ヴィルジニア3勝	鹿 57 牡5	団野	池添学	3850	8400	G1レーシング	ノーザンF
7		ハーツクライ	イルーシヴパンサー	イルーシヴキャット2勝	黒鹿 58 牡5	岩田望	久保田	4450	10,490	草間庸文	追分F
6	赤3	ロードカナロア	タイムトゥヘヴン	キストゥヘヴン5勝	鹿 58 牡5	北村友	戸田	4300	11,927	DMMドリームC	オリオンF
5		キングカメハメハ	エアロロノア	エアワンピース4勝	鹿 58 牡6	福永	笹田	5200	12,303	ラッキーF	社台F
4	黒2	ルーラーシップ	アルサトワ	ポップアイコン3勝	鹿 57.5 牡6	幸	斉藤崇	5200	9661	ゴドルフィン	ダーレージャパンF
3		ジャングルポケット	ピースワンパラディ	クリアソウル1勝	鹿 57.5 牡7	松山	大竹	4600	13,540	長谷川成利	高山牧場
2	白1	ハービンジャー	プレサージュリフト	シュプリームギフト5勝	黒鹿 54 牝4	イーガン	木村	2250	5800	サンデーR	ノーザンF
1		タートルボウル	ベレヌス	カフヴァール3勝	鹿 58 牡6	西村淳	杉山晴	4450	12,740	キャロットF	ノーザンF

2023 年 京都金杯			
	1着⑦イルーシヴパンサー	（5番人気）	馬連 2280 円
	2着⑤エアロロノア	（4番人気）	3連複 4140 円
	3着②プレサージュリフト	（2番人気）	3連単 24480 円

注目サイン！

前年2着枠の2隣枠が1着継続中
24年は1枠か5枠から勝ち馬が出る？

19年　8枠（前年2着）－2枠パクスアメリカーナ　1着
20年　8枠（前年2着）＋2枠サウンドキアラ　1着
21年　3枠（前年2着）－2枠ケイデンスコール　1着
22年　2枠（前年2着）＋2枠ザダル　1着
23年　6枠（前年2着）－2枠イルーシヴパンサー　1着
24年　3枠（前年2着）→1枠、5枠が候補

松山弘平騎手の4隣馬が3着以内
23年は5番人気イルーシヴパンサーが優勝

18年　－4馬クルーガー　2着
19年　＋4馬ミエノサクシード　3着
20年　＋4馬ボンセルヴィーソ　3着
22年　＋4馬ダイワキャグニー　2着
23年　＋4馬イルーシヴパンサー　1着
※21年は同騎手の騎乗ナシ。

岩田康誠騎手の2隣枠が3着以内
20年は14番人気ボンセルヴィーソが3着に大駆け！

20年　－2枠ボンセルヴィーソ　3着
21年　－2枠エントシャイデン　3着
22年　＋2枠ザダル　1着
23年　－2枠エアロロノア　2着

馬名頭文字か末尾が「タ」馬の隣馬が3着以内
23年はワンツーで馬連2280円

18年　ダノンメジャー　隣馬レッドアンシェル　3着
19年　ツーエムマイスター　隣馬マイスタイル　2着
20年　ダイアトニック　隣馬ボンセルヴィーソ　3着
21年　タイセイビジョン　隣馬エントシャイデン　3着
22年　ダイワキャグニー　隣馬カイザーミノル　3着
23年　タイムトゥヘヴン　隣馬イルーシヴパンサー　1着
　　　　　　　　　　　　隣馬エアロロノア　2着
※「ダ」「ター」も対象。

GⅢ シンザン記念

当たり馬番は連動する!

2024年1回京都　芝1600m(3歳)

正逆 5番 8番

共同通信杯	シンザン記念	
2019年【正1番】1着	→ 2020年【正1番】サンクテュエール	1着
2020年【逆4番】1着	→ 2021年【逆4番】ピクシーナイト	1着
2021年【逆6番】1着	→ 2022年【逆6番】マテンロウオリオン	1着
2022年【逆2番】1着	→ 2023年【正2番】ライトクオンタム	1着
2023年【正8番】1着 【逆5番】1着	➡ 2024年 **【正逆5番、8番】**	

白1	黒2	赤3	青4	黄5	緑6	橙7
ブラックタイド(中)	ディープインパクト(晩)	バゴ(晩)	リアルスティール(晩)	モーリス(マ中)	エピファネイア(晩)	ショウケイシング(短)
サンライズピース	ライトクオンタム	スズカダブル	トーホウガレオン	クファシル	シンゼンイズモ	(外)ペースセッティング
シースナイプ5勝(晩)	イルミナント米(中)	ダブルファンタジー2勝(中)	デビルズコーナー3勝(短)	グルヴェイグ5勝(中)	ビジュアルショック未勝(マ)	ジェットセッティング愛(マ)
鹿 56 牡3	青鹿 54 牝3	栗 56 牡3	鹿 56 牡3	青鹿 56 牡3	鹿 56 牡3	鹿 56 牡3
替 和田竜	替 武豊	鮫島駿	福永	替 イーガン	浜中	替 ムルザバエフ
栗 河内	栗 武幸	栗 西村	栗 石坂公	栗 池添学	栗 荒川	栗 安田隆
400	400	400	400	400	400	400
803	700	1230	1220	700	750	1780
松岡隆雄	社台RH	永井啓弐	東豊物産	サンデーR	原司郎	シルクR
藤原牧場	社台F	社牧場	ノーザンF	ノーザンF	社台F	イギリス

2023年	1着②ライトクオンタム	(2番人気)	馬連 970円
シンザン	2着⑦ペースセッティング	(3番人気)	3連複 1290円
記念	3着④トーホウガレオン	(4番人気)	3連単 5520円

注目サイン！

正逆 25 番が３着以内
22 年は４番人気マテンロウオリオンが制す

18 年	正 25 番アーモンドアイ	1着
19 年	正 25 番マイネルフラップ	2着
20 年	逆 25 番プリンスターン	2着
21 年	正 25 番バスラットレオン	3着
22 年	正 25 番マテンロウオリオン	1着
23 年	正 25 番トーホウガレオン	3着

武豊騎手の 14 隣馬が３着以内
23 年は自身騎乗のライトクオンタムが優勝

18 年	＋ 14 馬カシアス	3着
19 年	－ 14 馬ヴァルディゼール	1着
20 年	－ 14 馬サンクテュエール	1着
22 年	＋ 14 馬マテンロウオリオン	1着
23 年	± 14 馬ライトクオンタム	1着

※ 21 年は同騎手の騎乗ナシ。

２番人気馬が３着以内
22 年はソリタリオ２着で馬連 2020 円

19 年	ミッキーブリランテ	3着
20 年	サンクテュエール	1着
21 年	バスラットレオン	3着
22 年	ソリタリオ	2着
23 年	ライトクオンタム	1着

２番人気馬の 68 隣馬が３着以内
前項の２番人気と連動？ 23 年はペースセッティング２着

17 年	－ 68 馬タイセイスターリー	2着
18 年	－ 68 馬カシアス	3着
19 年	－ 68 馬ヴァルディゼール	1着
20 年	－ 68 馬コルテジア	3着
21 年	＋ 68 馬ルークズネスト	2着
22 年	－ 68 馬マテンロウオリオン	1着
23 年	＋ 68 馬ペースセッティング	2着

GIII フェアリーS

当たり馬番は連動する!

2024年１回中山　芝1600m（３歳牝馬）

正逆 5番9番

チューリップ賞		フェアリーS		
2019 年【逆１番】	2着	→ 2020 年【正１番】	スマイルカナ	1着
2020 年【逆2番】	1着	→ 2021 年【逆2番】	ホウオウイクセル	2着
2021 年【逆8番】	2着	→ 2022 年【正８番】	ライラック	1着
2022 年【逆 10 番】	1着	→ 2023 年【逆 10 番】	メイクアスナッチ	2着
2023 年【逆9番】	1着	➡ 2024 年	【正逆5番、9番】	
【逆5番】	2着			

白1	1	ロードカナロア	スピードオブライト	サイレントソニック5勝	鹿	54	牝3	石川	相沢	400	1650	ヒダカBU	桜井牧場
白1	2	エピファネイア	リックスター	プロレタリアト4勝	黒鹿	54	牝3	三浦	鹿戸雄	400	700	下滞晃紀	ノーザンF
黒2	3	ロゴタイプ	マイレーヌ	ユキノクイーン2勝	青鹿	54	牝3	横山琉	斎藤誠	400	1378	小関昭次	服部牧場
黒2	4	ダノンバラード	アンタ人バラード	ヴァップ未勝	鹿	54	牝3	田辺	伊藤大	400	830	ミルF	ミルF
赤3	5	キタサンブラック	ヒップホップソウル	ダンスファンタジア3勝	鹿	54	牝3	松山	木村	400	1110	社台RH	社台F
赤3	6	ダノンバラード	ミシシッピテソーロ	ハピネスフォーユー1勝	鹿	54	牝3	鮫島駿	畠山吉	1000	2950	了徳寺健二HD	リョーケンF
青4	7	レッドファルクス	ディナトセレーネ	ダイワミランダ2勝	芦	54	牝3	横山武	尾関	400	630	社台RH	社台F
青4	8	モーリス	イコノスタシス	パストフォリア4勝	黒鹿	54	牝3	北村宏	古賀慎	400	892	サンデーR	ノーザンF
黄5	9	エピファネイア	エナジーチャイム	カリンバ2勝	栗	54	牝3	ルメール	手塚	400	700	シルクR	ノーザンF
黄5	10	ルーラーシップ	メイクアスナッチ	スナッチマインド5勝	黒鹿	54	牝3	戸崎圭	武市	900	1450	シルクR	白老F
緑6	11	サトノダイヤモンド	ディヴァージオン	スコアズビー未勝	鹿	54	牝3	Mデムーロ	藤岡健	400	700	福田昌伸	猿倉牧場
緑6	12	モーリス	ブラウンウェーブ	ニューウェーブ未勝	鹿	54	牝3	菅原明	宗像	400	700	トップフェロウ	千代田牧場
橙7	13	ミッキーロケット	地 チハヤ	グランドゲルニカ(公)	黒鹿	54	牝3	丹内	(川崎)加藤誠	570	717	浦野和由	中田英樹
橙7	14	ダノンバラード	キタウイング	キタノリツメイ未勝	黒鹿	55	牝3	杉原	小島茂	2000	3730	ミルF	ミルF
桃8	15	ハーツクライ	ミタマ	モナリザ(英)	鹿	54	牝3	岩田望	上村	400	956	ニッシンHD	チャンピオンズF
桃8	16	アメリカンペイトリオット	ブルーイングリーン	ヒメベニサクラ未勝	青鹿	54	牝3	山田	小手川	400	700	上村洋司	大狩部牧場

2023 年 フェアリーS			
	1着⑭キタウイング	（11 番人気）	馬連 21140 円
	2着⑩メイクアスナッチ	（7番人気）	3連複 68150 円
	3着①スピードオブライト	（6番人気）	3連単 517430 円

注目サイン！

ATTENTION

1枠が3着以内
2着ナシの極端傾向、近3年は連続3着

19年	1枠フィリアプーラ	1着
20年	1枠スマイルカナ	1着
21年	1枠ベッラノーヴァ	3着
22年	1枠ビジュノワール	3着
23年	1枠スピードオブライト	3着

ATTENTION

前走3着馬自身か、その隣馬が3着以内
22年は後の二冠牝馬スターズオンアースが2着

18年	シスル	隣馬スカーレットカラー2着
19年	アマーティ	隣馬フィリアプーラ1着
21年	テンハッピーローズ	隣馬ファインルージュ1着
22年	スターズオンアース	自身2着
		隣馬ビジュノワール3着
23年	スピードオブライト	自身3着

※20年は該当馬の出走ナシ。

ATTENTION

三浦皇成騎手の隣馬が3着以内
18年は6番人気スカーレットカラー2着、馬連3230円

18年	隣馬スカーレットカラー	2着
19年	隣馬フィリアプーラ	1着
22年	隣馬スターズオンアース	2着
23年	隣馬スピードオブライト	3着

※16年から継続中。20、21年は同騎手の騎乗ナシ。

ATTENTION

6番人気自身か、その隣馬が3着以内
23年は6番人気スピードオブライトが3着

18年	自身スカーレットカラー	2着
19年	隣馬フィリアプーラ	1着
20年	隣馬チェーンオブラブ	2着
21年	自身ベッラノーヴァ	3着
22年	隣馬スターズオンアース	2着
23年	自身スピードオブライト	3着

※15年から継続中。

GⅢ 愛知杯

当たり馬番は連動する！

2024年１回中京　芝2000m（４歳上牝馬）

正逆 6番 11番

大阪杯	愛知杯		
2019 年【正6番】　2着	→ 2020 年【正6番】	アルメリアブルーム	2着
2020 年【逆1番】　2着	→ 2021 年【逆1番】	マジックキャッスル	1着
2021 年【逆 13 番】2着	→ 2022 年【逆 13 番】	マリアエレーナ	2着
2022 年【逆3番】　2着	→ 2023 年【正3番】	アートハウス	1着
2023 年【正 11 番】2着 【逆6番】　2着	➡ 2024 年【正逆6番、11 番】		

馬番	枠	父	馬名	母	毛色・斤量・性齢	騎手	厩舎	賞金	総賞金	馬主	生産者
1	白1	フランケル	㊕サトノセシル	デュープ独	鹿 55 牝7	ルメール	堀	3100	10,220	里見治	イギリス
2	黒2	クロフネ	マリアエレーナ	テンダリーヴォイス2勝	芦 55 牝5	松山	吉田	6350	14,267	金子真人HD	日高大洋牧場
3	黒2	スクリーンヒーロー	アートハウス	パールコード2勝	栗 55 牝4	川田	中内田	4200	9000	シェイク・ファハド	三嶋牧場
4	赤3	キズナ	ビジン	ザフラッツ米	黒鹿 50 牝4	酒井	武英	1500	3486	齋藤孝雄	飛野牧場
5	赤3	キングカメハメハ	エリカヴィータ	マルシアーノ3勝	青 54 牝4	岩田望	国枝	3000	*5900	三木正浩	ノーザンF
6	青4	ルーラーシップ	ホウオウイクセル	メジロオードリー2勝	鹿 55 牝5	丸田	高柳瑞	2850	6790	小笹芳央	レイクヴィラF
7	青4	ディープインパクト	ラヴユーライヴ	ラヴズオンリーミー米	鹿 53 牝6	坂井	矢作	2400	7531	吉田勝己	ノーザンF
8	黄5	キングカメハメハ	アンドヴァラナウト	グルヴェイグ5勝	黒鹿 56 牝5	イーガン	池添学	4600	13,650	サンデーR	ノーザンF
9	黄5	ハーツクライ	サンテローズ	マンビア英	栗 54 牝6	福永	西村	2400	5000	シルクR	ノーザンF
10	緑6	キングカメハメハ	ルビーカサブランカ	ムードインディゴ3勝	栗 55 牝6	武豊	須貝尚	5150	15,351	金子真人HD	ノーザンF
11	緑6	ジャスタウェイ	ルージュエヴァイユ	ナッシングバットドリームズ英	鹿 54 牝4	戸崎圭	黒岩	2400	5600	東京HR	社台F
12	橙7	キズナ	フィオリキアリ	クリアリーコンフューズド米	鹿 53 牝6	鮫島駿	清水久	2400	7842	槇和美	ノースヒルズ
13	橙7	ドゥラメンテ	アイコンテーラー	ボイルトウショウ未勝	栗 53 牝5	菱田	河内	2400	7830	中西浩一	畠山牧場
14	桃8	ディープインパクト	リアアメリア	リアアントニア米	黒鹿 55 牝6	和田竜	中内田	4600	11,070	シルクR	ノーザンF
15	桃8	キズナ	アプレイズ	エディン5勝	青鹿 56 牝6	荻野極	池江寿	4100	9660	前田幸貴	ノースヒルズ

2023 年
愛知杯

1着③アートハウス　（1番人気）　馬連 3900 円
2着⑬アイコンテーラー　（7番人気）　3連複 5500 円
3着②マリアエレーナ　（2番人気）　3連単 32220 円

注目サイン！

ATTEN TION

和田竜二騎手の－11隣馬が３着以内
21年は８番人気ウラヌスチャーム３着、３連単７万馬券！

16年　－11馬リーサルウェポン　2着
20年　－11馬レイホーロマンス　3着
21年　－11馬ウラヌスチャーム　3着
22年　－11馬マリアエレーナ　2着
23年　－11馬アートハウス　1着
※11年から継続中。17～19年は同騎手の騎乗ナシ。

ATTEN TION

馬名頭文字か末尾が「レ」馬自身か、その隣馬が３着以内
22年は7番人気ルビーカサブランカが優勝

18年	レイホーロマンス	自身2着 隣馬マキシマムドパリ3着
19年	レイズアベール	隣馬ワンブレスアウェイ1着
20年	レイホーロマンス	自身3着
21年	ランブリングアレー	自身2着
22年	ラルナブリラーレ	隣馬ルビーカサブランカ1着

※「レー」も対象。

ATTEN TION

トップハンデ馬の隣馬が３着以内
23年は１番人気アートハウスが優勝

19年	エテルナミノル	隣馬ノームコア	2着
20年	デンコウアンジュ	隣馬アルメリアブルーム	2着
21年	センテリュオ	隣馬ウラヌスチャーム	3着
22年	マジックキャッスル	隣馬ルビーカサブランカ	1着
23年	マリアエレーナ	隣馬アートハウス	1着

※17年から継続中。

ATTEN TION

C・ルメール騎手自身か、その隣馬が３着以内
近４年は隣馬が走っている

19年　自身ノームコア　2着
20年　隣馬レイホーロマンス　3着
21年　隣馬ウラヌスチャーム　3着
22年　隣馬ルビーカサブランカ　1着
23年　隣馬マリアエレーナ　3着

GIII 京成杯

当たり馬番は連動する!

2024年１回中山　芝2000m（３歳）

正逆　2番7番

きさらぎ賞	京成杯
2019 年【正１番】2着 →	2020 年【正１番】クリスタルブラック　1着
2020 年【正１番】1着 →	2021 年【正１番】タイムトゥヘヴン　2着
2021 年【正２番】1着 →	2022 年【逆２番】ロジハービン　2着
2022 年【正３番】2着 →	2023 年【正３番】オメガリッチマン　2着
2023 年【正２番】1着 【正７番】2着 ➡	2024 年【正逆2番、7番】

白1	黒2	赤3	青4	黄5	緑6	橙7	8	桃8 9
キズナ(輸)	ビーチパトロール(輸)	イスラボニータ(マ外)	キタサンブラック(輸)	シルバーステート(マ外)	シルバーステート(マ外)	ジャスタウェイ(中)	ダノンバラード(中)	ドゥラメンテ(輸)
サヴォーナ	シーウィザード	オメガリッチマン	ソールオリエンス	シルヴァーデューク	シルバースペード	セブンマジシャン	グラニット	シャンパンカラー
テイケイラビッド1勝(マ)	メリーウェザー未勝(マ)	エルカラファテ未勝(マ)	スキア仏(中)	ヴァナディース1勝(マ)	サトノベリーニ未勝(マ)	ハピネスダンサー5勝(中)	インティワタナ1勝(マ)	メモリアルライフ英(マ)
鹿 56 牡3	鹿 56 牡3	鹿 56 牡3	鹿 56 牡3	鹿 56 牡3	黒鹿 56 牡3	鹿 56 牡3	鹿 56 牡3	栗 56 牡3
替田辺	替三浦	替石川	替横山武	替バシュロ	吉田豊	替ルメール	替嶋田	戸崎圭
(栗)中竹	(美)鹿戸雄	(栗)安田翔	(美)手塚	(栗)西村	(美)小野次	(栗)高野	(美)大和田	(美)田中剛
400	1000	400	400	400	400	900	1000	900
720	3080	572	700	2100	890	1730	2000	1730
加藤誠	岡田牧雄	原禮子	社台RH	田畑利彦	NinomiyaJR	前迫義幸	ミルF	青山洋一
(浦)高昭牧場	(日)シンボリ牧場	(千)社台F	(千)社台F	(び)沖田博志	(び)フジワラF	(安)ノーザンF	(浦)猿橋義昭	(千)社台F

2023 年 京成杯		
	1着④ソールオリエンス　（2番人気）	馬連 19570 円
	2着③オメガリッチマン　（9番人気）	3連複 11010 円
	3着⑦セブンマジシャン　（1番人気）	3連単 93740 円

注目サイン！

正逆 31 番が３着以内
23 年は後の皐月賞馬ソールオリエンスが優勝

18 年　逆 31 番ジェネラーレウーノ　1着
19 年　正 31 番ラストドラフト　1着
20 年　正 31 番ディアスティマ　3着
21 年　逆 31 番テンバガー　3着
22 年　正 31 番ロジハービン　2着
23 年　正 31 番ソールオリエンス　1着

三浦皇成騎手の 22 隣馬が３着以内
今のところ５／６で３着

16 年　＋ 22 馬メートルダール　3着
18 年　－ 22 馬ジェネラーレウーノ　1着
19 年　＋ 22 馬ヒンドゥタイムズ　3着
21 年　＋ 22 馬テンバガー　3着
22 年　＋ 22 馬ヴェローナシチー　3着
23 年　－ 22 馬セブンマジシャン　3着

前走１番人気馬が連対中
22 年は５番人気ロジハービン２着、馬連万馬券！

17 年　ガンサリュート　2着
18 年　コズミックフォース　2着
19 年　ラストドラフト　1着
20 年　スカイグルーヴ　2着
21 年　グラティアス　1着
22 年　ロジハービン　2着
23 年　ソールオリエンス　1着

２番人気馬自身か、その隣馬が３着以内
22 年は６番人気オニャンコポンが優勝

20 年　ヒュッゲ　隣馬ディアスティマ　3着
21 年　タイムトゥヘヴン　自身2着
22 年　テンダンス　隣馬オニャンコポン　1着
23 年　ソールオリエンス　自身1着
※ 15 年から継続中。

GII 日経新春杯

当たり馬番は連動する!

2024年1回京都　芝2400m（4歳上）

正逆　6番 7番

日経賞	日経新春杯		
2019年【逆6番】　2着 →	2020年【正6番】	モズベッロ	1着
2020年【逆5番】　2着 →	2021年【正5番】	ミスマンマミーア	2着
2021年【正7番】　2着 →	2022年【逆7番】	ヨーホーレイク	1着
2022年【逆10番】2着 →	2023年【正10番】	キングオブドラゴン	2着
2023年【正6番】　2着 【逆7番】　2着 ➡	2024年【正逆6番、7番】		

馬番	枠	父	馬名	母（母父）	毛色・斤量・性齢	騎手	調教師	賞金	総賞金	馬主	生産者
1	白1	シンボリクリスエス	ヤマニンゼスト	ヤマニンバステト2勝	鹿 55 牡4	武豊	千田	2000	3620	土井肇	錦岡牧場
2	黒2	ドリームジャーニー	ヴェルトライゼンデ	マンデラ独	黒鹿 59 牡6	イーガン	池江寿	8200	31,400	サンデーR	ノーザンF
3	赤3	ルーラーシップ	ロバートソンキー	トウカイメガミ未勝	鹿毛 57 牡6	伊藤工	林	3750	9540	保坂和孝	長浜牧場
4	赤3	キングカメハメハ	ハヤヤッコ	マシュマロ2勝	白 58.5 牡7	吉田隼	国枝	7650	19,850	金子真人HD	ノーザンF
5	青4	グランプリボス	モズナガレボシ	モズフリムカナイデ未勝	芦 55 牡6	角田河	荒川	3650	10,992	キャピタルS	谷川牧場
6	青4	マンハッタンカフェ	ダンディズム	ビューティーコンテスト愛	黒鹿 55 騸7	富田	野中	2500	7802	カナヤマHD	三嶋牧場
7	黄5	ディープインパクト	プライドランド	ザズー米	芦 54 牡7	福永	高野	2400	7065	サンデーR	ノーザンF
8	黄5	エピファネイア	ヴェローナシチー	アモーレエテルノ未勝	芦 54 牡4	川田	佐々木晶	1500	7270	友駿HC	カミイスタット
9	緑6	ハーツクライ	プリマヴィスタ	サンヴァンサン3勝	栗 54 牡6	Mデムーロ	矢作	2400	5940	加藤裕司	白老F
10	緑6	ハーツクライ	キングオブドラゴン	ベガスナイト3勝	黒鹿 55 牡6	坂井	矢作	2400	9847	窪田芳郎	社台F
11	橙7	オルフェーヴル	イクスプロージョン	ファシネイション未勝	鹿 57 牡5	和田竜	杉山晴	3600	9377	近藤英子	ノーザンF
12	橙7	ディープインパクト	プラダリア	シャッセロール3勝	鹿 56 牡4	松山	池添学	3100	8370	名古屋友豊	オリエント牧場
13	桃8	ステイゴールド	アフリカンゴールド	ブリクセン米	栗 58 騸8	国分恭	西園正	6300	16,775	ゴドルフィン	ダーレージャパンF
14	桃8	ジャングルポケット	サンレイポケット	アドマイヤパンチ未勝	黒鹿 58 牡8	鮫島駿	高橋忠	4450	25,930	永井啓弍	様似共栄牧場

2023年
日経新春杯

1着②ヴェルトライゼンデ（2番人気）　馬連580円
2着⑩キングオブドラゴン（10番人気）　3連複5970円
3着⑫プラダリア（4番人気）　3連単26610円

注目サイン！

前走６着馬の隣馬が連対中
23年はワンツーで馬連8410円！

19年	エーティーサンダー	隣馬グローリーヴェイズ	1着
20年	マスターコード	隣馬レッドレオン	2着
21年	サンレイポケット	隣馬ミスマンマミーア	2着
22年	マイネルウィルトス	隣馬ステラヴェローチェ	2着
23年	ヤマニンゼスト	隣馬ヴェルトライゼンデ	1着
	プリマヴィスタ	隣馬キングオブドラゴン	2着

逆19番か逆23番が連対中
23年は10番人気キングオブドラゴン２着で波乱！

18年	逆23番ロードヴァンガード	2着
19年	逆23番ルックトゥワイス	2着
20年	逆23番モズベッロ	1着
21年	逆19番ショウリュウイクゾ	1着
22年	逆23番ヨーホーレイク	1着
23年	逆19番キングオブドラゴン	2着

馬名頭文字か末尾「ル」馬か、その隣馬が３着以内
22年は９番人気ヤシャマル３着で３連単２万馬券！

18年	ロードヴァンドール	自身2着
19年	ルックトゥワイス	自身2着
20年	タイセイトレイル	隣馬モズベッロ1着
		隣馬エーティーラッセン3着
21年	ワセダインブルー	隣馬クラージュゲリエ3着
22年	ヤシャマル	自身3着

※末尾「ルー」も対象。23年は該当馬の出走ナシ。

武豊騎手の隣枠が３着以内
23年はハンデ頭のヴェルトライゼンデが優勝

19年	隣枠ルックトゥワイス	2着
20年	隣枠レッドレオン	2着
21年	隣枠クラージュゲリエ	3着
22年	隣枠ヨーホーレイク	1着
23年	隣枠ヴェルトライゼンデ	1着

GII AJCC

アメリカジョッキークラブカップ

当たり馬番は連動する!

2024年1回中山　芝2200m（4歳上）

正逆　2番10番

日経新春杯		AJCC		
2019年【正2番】	1着	→ 2020年【逆2番】	ブラストワンピース	1着
2020年【正4番】	2着	→ 2021年【正4番】	ヴェルトライゼンデ	2着
2021年【正14番】	1着	→ 2022年【逆14番】	キングオブコージ	1着
2022年【正4番】	2着	→ 2023年【正4番】	ノースブリッジ	1着
2023年【正2番】	1着	➡ 2024年	【正逆2番、10番】	
【正10番】	2着			

馬番	枠	父	馬名	母	毛色・斤量・性齢	騎手	厩舎	賞金	総賞金	馬主	生産者
1	白1	ルーラーシップ	レインカルナティオ	リビングプルーフ3勝	鹿 57 牡6	石川	小西	2400	6750	サンデーR	ノーザンF
2	黒2	キズナ	シャムロックヒル	ララア米	芦 55 牝6	藤懸	佐々木晶	3300	6199	社台RH	社台F
3	赤3	ディープインパクト	ブラックマジック	ナイトマジック独	青鹿 57 牡6	三浦	戸田	2400	6370	窪田芳郎	ノーザンF
4	赤3	モーリス	ノースブリッジ	アメージングムーン1勝	鹿 57 牡5	岩田康	奥村武	4550	10,970	井山登	村田牧場
5	青4	ナカヤマフェスタ	バビット	アートリョウコ公	栗 57 牡6	横山典	浜田	5500	12,200	宮田直也	大北牧場
6	青4	ゴールドシップ	ユーバーレーベン	マイネテレジア1勝	青鹿 55 牝5	Mデムーロ	手塚	6500	19,370	ラフィアン	ビッグレッドF
7	黄5	ハービンジャー	スタッドリー	ウインフロレゾン2勝	鹿 57 牡5	坂井	奥村豊	2400	8390	シルクR	白老F
8	黄5	オウケンブルースリ	オウケンムーン	ムーンフェイズ3勝	鹿 57 牡8	北村宏	岩戸	2800	6940	福井明	ノーザンF
9	緑6	ルーラーシップ	エヒト	ヒーラ3勝	鹿 57 牡6	田中勝	森秀	4550	12,699	平井裕	白井牧場
10	緑6	キタサンブラック	ガイアフォース	ナターレ公	芦 57 牡4	ルメール	杉山晴	3600	7680	KRジャパン	追分F
11	橙7	エピファネイア	エピファニー	ルールブリタニア1勝	黒鹿 56 牡4	戸崎圭	宮田	2400	5030	シルクR	ノーザンF
12	橙7	ロードカナロア	レッドガラン	ダンスオンザルーフ未勝	鹿 57 牡8	田辺	安田隆	8100	20,980	東京HR	社台F
13	桃8	エピファネイア	アリストテレス	ブルーダイアモンド未勝	鹿 57 牡6	横山和	音無	8350	21,230	近藤英子	ノーザンF
14	桃8	オルフェーヴル	ラーゴム	シュガーショック米	栗 57 牡5	バシュロ	斉藤崇	6490	13,968	林正道	ノーザンF

2023年 AJCC

1着④ノースブリッジ	（4番人気）	馬連 3950円
2着⑨エヒト	（5番人気）	3連複 10710円
3着⑥ユーバーレーベン	（3番人気）	3連単 71370円

注目サイン！

正191番が3着以内
23年は5番人気エヒトが2着、馬連3950円！

19年	正191番フィエールマン	2着
20年	正191番ブラストワンピース	1着
21年	正191番ヴェルトライゼンデ	2着
22年	正191番ボッケリーニ	3着
23年	正191番エヒト	2着

馬名頭文字か末尾「ス」馬の隣馬が3着以内
22年は11番人気マイネルファンロンが2着に大駆け！

19年	ステイインシアトル	隣馬シャケトラ	1着
20年	ステイフーリッシュ	隣馬ブラストワンピース	1着
21年	アリストテレス	隣馬ラストドラフト	3着
22年	スマイル	隣馬マイネルファンロン	2着
23年	ガイアフォース	隣馬エヒト	2着

横山典弘騎手の55隣馬が3着以内
23年は4番人気ノースブリッジが優勝

14年	＋55馬ヴェルデグリーン	1着
15年	＋55馬エアソミュール	3着
18年	±55馬ミッキースワロー	2着
20年	＋55馬ステイフーリッシュ	2着
22年	＋55馬マイネルファンロン	2着
23年	＋55馬ノースブリッジ	1着

※16、17、19、21年は同騎手の騎乗ナシ。

三浦皇成騎手の34隣馬が3着以内
18年は8番人気マイネルミラノ3着、3連単2万馬券！

16年	－34馬ディサイファ	1着
18年	－34馬マイネルミラノ	3着
19年	－34馬シャケトラ	1着
21年	±34馬ラストドラフト	3着
23年	＋34馬エヒト	2着

※17、20、22年は同騎手の騎乗ナシ。

GII 東海S

2024年1回中京　ダ1800m（4歳上）

当たり馬番は連動する！

正逆 5番 12番

ニュージーランドT	東海S		
2019年【逆15番】1着	→ 2020年【正15番】	ヴェンジェンス	2着
2020年【正11番】1着	→ 2021年【正11番】	オーヴェルニュ	1着
2021年【正6番】 1着	→ 2022年【逆6番】	オーヴェルニュ	2着
2022年【正6番】 1着	→ 2023年【逆6番】	プロミストウォリア	2着
2023年【正5番】 1着 【逆12番】1着	➡ 2024年	【正逆5番、12番】	

枠	馬番	父	馬名	母	毛色・斤量・性齢	騎手	厩舎	賞金	総賞金	馬主	生産者
白1	1	キングカメハメハ	㊞ディクテオン	メーデイア10勝	黒鹿 57 騸5	替松山	吉岡	2060	4997	G1レーシング	追分F
黒2	2	スマートファルコン	オーヴェルニュ	ギュイエンヌ3勝	鹿 57 牡7	替団野	西村	10,850	23,025	杉山忠国	明治牧場
黒2	3	ハーツクライ	㊞ロードレガリス	レディーマーメイド1勝	黒鹿 57 牡8	替松田	野中	5100	11,493	ロードHC	ケイアイF
赤3	4	キズナ	ハギノアレグリアス	タニノカリス3勝	鹿 57 牡6	替川田	四位	4400	9020	日隈良江	岡田S
赤3	5	タートルボウル	㊞ヴァンヤール	ブライトエルフ1勝	栗 57 牡5	荻野極	庄野	2660	6341	ヒダカBU	槇本牧場
青4	6	ゴールドシップ	マリオマッハー	ヤマトマリオン6勝	芦 57 騸6	替酒井	安達	2400	4753	サン	坂東牧場
青4	7	サトノアラジン	ウェルカムニュース	レジェンドトレイル未出	鹿 56 牡4	イーガン	池江寿	2400	5450	吉田勝己	ノーザンF
黄5	8	ヘニーヒューズ	サンライズウルス	アルーシュ未勝	鹿 57 牡5	岩田望	安田翔	3800	9520	松岡隆雄	村上欽哉
黄5	9	パイロ	デルマルーヴル	カリビアンロマンス未勝	青鹿 57 牡7	松岡	戸田	6860	17,540	浅沼廣幸	坂東牧場
緑6	10	マジェスティックウォリアー	プロミストウォリア	プロミストスパーク5勝	鹿 57 牡6	ムルザバエフ	野中	2400	4640	シルクR	坂東牧場
緑6	11	ヘニーヒューズ	㊞スマッシングハーツ	プリティメイズ5勝	鹿 57 牡7	鮫島駿	新谷	3510	10,279	前田幸治	ノースヒルズ
橙7	12	アスカクリチャン	クリノドラゴン	クリノクレオパトラ1勝	栗 58 牡5	武豊	大橋	4400	12,993	栗本博晴	宝寄山拓樹
橙7	13	ゴールドアリュール	ハヤブサナンデクン	ホワイトクルーザー2勝	芦 57 牡7	替福永	吉村	3600	12,120	武田修	グランド牧場
桃8	14	トゥザグローリー	ゲンパチルシファー	ラブリイステラ2勝	鹿 57 牡7	替幸	佐々木晶	4300	15,720	平野武志	カナイシS
桃8	15	オルフェーヴル	アイアンバローズ	パレスルーマー米	鹿 57 牡6	替和田竜	上村	5000	15,060	猪熊広次	ノーザンF

2023年
東海S

1着⑩プロミストウォリア　（2番人気）　馬連970円
2着④ハギノアレグリアス　（1番人気）　3連複1750円
3着⑬ハヤブサナンデクン（3番人気）　3連単8490円

注目サイン！

ATTENTION

正逆4番が3着以内
21年は7番人気アナザートゥルース2着、馬連4520円！

19年	正4番インティ	1着
20年	逆4番インティ	3着
21年	逆4番アナザートゥルース	2着
22年	逆4番ブルベアイリーデ	3着
23年	正4番ハギノアレグリアス	2着

ATTENTION

マル地馬の33隣馬が3着以内
23年は1番人気2着のハギノアレグリアスが該当

18年	シャイニービーム	＋33馬モルトベーネ	3着
19年	シャイニービーム	＋33馬チュウワウィザード	2着
20年	アイファーイチオー	＋33馬エアアルマス	1着
22年	シャイニービーム	－33馬ブルベアイリーデ	3着
23年	ディクテオン	＋33馬ハギノアレグリアス	2着

※16年から継続中。21年は該当馬の出走ナシ。

ATTENTION

川田将雅騎手の90隣馬が3着以内
21年は自身騎乗のオーヴェルニュが優勝

09年	－90馬アロンダイト	2着
11年	－90馬シルクメビウス	3着
19年	－90馬インティ	1着
21年	±90馬オーヴェルニュ	1着
23年	±90馬ハギノアレグリアス	2着

※06年から継続中。10、12～18、20、22年は同騎手の騎乗ナシ。

ATTENTION

和田竜二騎手の2隣枠が3着以内
23年優勝馬プロミストウォリアが該当

17年	－2枠メイショウウタゲ	3着
18年	－2枠テイエムジンソク	1着
20年	－2枠インティ	3着
21年	－2枠オーヴェルニュ	1着
22年	＋2枠オーヴエルニュ	2着
23年	－2枠プロミストウォリア	1着

GⅢ 根岸S

2024年1回東京　ダ1400m（4歳上）

当たり馬番は連動する！

正逆　3番 10番

CBC賞			根岸S			
2019年【逆5番】	1着	→	2020年【正5番】	コパノキッキング	2着
2020年【逆14番】	1着	→	2021年【逆14番】	レッドルゼル	1着
2021年【逆11番】	1着	→	2022年【正11番】	テイエムサウスダン	1着
2022年【逆13番】	1着	→	2023年【正13番】	レモンポップ	1着
2023年【正10番】	1着	➡	2024年	【正逆3番、10番】	
【逆3番】	1着				

1	白1	マリブムーン	(外)オーロラテソーロ	フォーパッション米	栗 57 牡6	原	畠山吉	6200	16,650	了徳寺健二HD	アメリカ
2	白1	オルフェーヴル	ヘリオス	アンジュシュエット2勝	鹿 57 騸7	武豊	西園正	8760	19,900	黒川暁子	桑田牧場
3	黒2	キングカメハメハ	ホウオウアマゾン	ヒカルアマランサス4勝	栗 57 牡5	坂井	矢作	6200	15,590	小笹芳央	ノーザンF
4	黒2	ヘニーヒューズ	セキフウ	シャボナ米	栗 56 牡4	Mデムーロ	武幸	4870	11,971	[illegible]	バンブー牧場
5	赤3	ヘニーヒューズ	アドマイヤルプス	カールファターレ1勝	栗 57 騸6	内田博	加藤征	3600	9470	近藤旬子	ノーザンF
6	赤3	オルフェーヴル	ギルデッドミラー	タイタンクイーン米	鹿 55 牝6	三浦	松永幹	5550	16,410	シルクR	ノーザンF
7	青4	ホッコータルマエ	レディバグ	フェバリットガール1勝	鹿 55 牝5	酒井	北出	4080	11,000	ゴールドアップC	ゴールドアップC
8	青4	サウスヴィグラス	テイエムサウスダン	ムービングアウト未勝	鹿 57 牡6	ルメール	飯田雄	13,510	28,464	竹園正繼	グランド牧場
9	黄5	オルフェーヴル	ベルダーイメル	ルリニガナ4勝	鹿 57 牡6	柴田善	本田	3800	10,093	ケーエスHD	川島牧場
10	黄5	ヘニーヒューズ	タガノビューティー	スペシャルディナー1勝	鹿 57 牡6	石橋脩	西園正	5000	17,845	八木良司	新冠タガノF
11	緑6	ヴァイオレンス	(外)ジャスパープリンス	アンビシャスジャーニー加	鹿 57 牡8	田中勝	森秀	5200	11,115	加藤和夫	アメリカ
12	緑6	メイショウボーラー	デンコウリジエール	デンコウデア3勝	鹿 57 牡6	秋山真	荒川	4800	10,650	松本好雄	村下明博
13	橙7	レモンドロップキッド	(外)レモンポップ	アンリーチエイブル米	栗 57 牡5	戸崎圭	田中博	5700	12,290	ゴドルフィン	アメリカ
14	橙7	イスラボニータ	バトルクライ	ディアコメット未勝	栗 56 牡4	川田	高木	3800	9518	GリビエールR	ディアレストC
15	桃8	マジェスティックウォリアー	(外)エアアルマス	ノカゼ米	鹿 57 牡8	横山武	池添学	8950	20,422	ラッキーF	アメリカ
16	桃8	パイロ	ケンシンコウ	マトゥリアルカ	鹿 57 牡6	田辺	小西	5050	11,333	天野克彦	静内山田牧場

2023年 根岸S			
	1着⑬レモンポップ	（1番人気）	馬連 390円
	2着⑥ギルデッドミラー	（2番人気）	3連複 1070円
	3着⑭バトルクライ	（4番人気）	3連単 2610円

注目サイン！

ATTEN TION

正逆6番が3着以内
22年は6番人気テイエムサウスダンが優勝

18年	正6番カフジテイク	3着
19年	逆6番コパノキッキング	1着
20年	逆6番モズアスコット	1着
21年	正6番タイムフライヤー	3着
22年	逆6番テイエムサウスダン	1着
23年	正6番ギルデッドミラー	2着

ATTEN TION

前走⑦番ゲート馬の隣馬が3着以内
21年10番人気ワンダーリーデル2着、馬連5370円！

18年	ノボバカラ	隣馬カフジテイク	3着
19年	サンライズノヴァ	隣馬コパノキッキング	1着
20年	アードラー	隣馬モズアスコット	1着
21年	ステルヴィオ	隣馬ワンダーリーデル	2着
22年	ヘリオス	隣馬タガノビューティー	3着
23年	レモンポップ	隣馬バトルクライ	3着

ATTEN TION

1番人気か2番人気が3着以内
23年は堅いワンツーで馬連390円

18年	1番人気サンライズノヴァ	2着
19年	2番人気コパノキッキング	1着
20年	1番人気コパノキッキング	2着
21年	1番人気レッドルゼル	1着
22年	2番人気タガノビューティー	3着
23年	1番人気レモンポップ	1着
	2番人気ギルデッドミラー	2着

※15年から継続中。

ATTEN TION

田辺裕信騎手の3隣枠が3着以内
21年の優勝馬レッドガランが該当

19年	－3枠ユラノト	2着
20年	＋3枠コパノキッキング	2着
21年	＋3枠レッドルゼル	1着
23年	＋3枠ギルデッドミラー	2着

※18年から継続中。22年は同騎手の騎乗ナシ。

GⅢ シルクロードS

当たり馬番は連動する!

2024年２回京都　芝1200m（４歳上）

正逆　1番12番

京都２歳S			シルクロードS		
2018年【正13番】	2着	→	2020年【逆13番】	エイティーンガール	2着
2019年【正2番】	2着	→	2021年【正2番】	ライトオンキュー	2着
2020年【正3番】	2着	→	2022年【正3番】	メイケイエール	1着
2021年【正7番】	1着	→	2023年【逆7番】	ファストフォース	2着
2022年【正1番】 【正12番】	1着 2着	➡	2024年	**【正逆1番、12番】**	

枠	馬番	父	馬名	母・母の成績	毛色 斤量 性齢	騎手	厩舎	賞金	総賞金	馬主	生産者
白1	1	オルフェーヴル	シャインガーネット	ベルベットローブ3勝	栗 55 牝6	替岩田望	美栗田徹	3600	9620	山口功一郎	ノーザンF
黒2	2	ミッキーアイル	ナムラクレア	サンクイーンⅡ米	青鹿56.5 牝4	浜中	栗長谷川	5900	18,930	奈村睦弘	谷川牧場
黒2	3	ロードカナロア	グルーヴィット	スペシャルグルーヴ未勝	鹿 58.5 牡7	岩田康	栗松永幹	4800	12,780	キャロットF	ノーザンF
赤3	4	ヨハネスブルグ	エイティーンガール	センターグランタス1勝	青鹿 56 牝7	替横山典	栗飯田祐	8000	17,490	中山泰志	庄野牧場
赤3	5	モーリス	シゲルピンクルビー	ムーンライトベイ未出	栗 55 牝5	和田竜	栗渡辺	4200	9750	森中啓子	天羽牧場
青4	6	ロードカナロア	レイハリア	ライトリーチューン未勝	鹿 55 牝5	替古川吉	美田島俊	4850	10,448	ヒダカBU	谷岡牧場
青4	7	シャンハイボビー	(外)マリアズハート	マリアズダンス米	鹿 55.5 牝7	吉田隼	美菊沢	5000	13,360	ノルマンディーTR	アメリカ
黄5	8	ダークエンジェル	(外)マッドクール	マッドアバウトユー愛	芦 56 牡4	藤岡康	栗池添学	2400	5220	サンデーR	アイルランド
黄5	9	ロードカナロア	(地)ファストフォース	ラッシュライフ2勝	黒鹿57.5 牡7	替団野	栗西村	5250	12,252	安原浩司	三嶋牧場
緑6	10	オルフェーヴル	ショウナンバニラ	ショウナンサリーレ3勝	鹿 53 牝7	替角田河	美武市	2400	9002	湘南	中原牧場
緑6	11	レッドスパーダ	テイエムスパーダ	トシザコジーン3勝	芦 55 牝4	今村	栗五十嵐	3550	7980	竹園正繼	浦河小林牧場
橙7	12	サクラオリオン	カイザーメランジェ	サクラジュレップ未勝	鹿 55 牡8	替荻野極	美中野栄	4350	11,979	ライフENT	谷岡S
橙7	13	ロードカナロア	キルロード	キルシュワッサー4勝	鹿 58 騸8	福永	美田村	5800	16,940	エンジェルR	天羽禮治
桃8	14	アイルハヴアナザー	ウインマーベル	コスモマーベラス7勝	栗 59 牡4	松山	美深山	8450	17,792	ウイン	コスモヴューF
桃8	15	ビッグアーサー	トウシンマカオ	ユキノマーメイド4勝	栗 58.5 牡4	鮫島駿	美高柳瑞	5800	11,850	サトー	服部牧場

2023年 シルクロードS			
	1着②ナムラクレア	（2番人気）	馬連 8100円
	2着⑨ファストフォース	（10番人気）	3連複 6040円
	3着⑧マッドクール	（1番人気）	3連単 49270円

注目サイン！

トップハンデ馬の 78 隣馬が３着以内
１着が圧倒的に多いウレシイ傾向

15 年　＋ 78 馬アンバルブライベン　1着
16 年　－ 78 馬ワキノブレイブ　3着
17 年　± 78 馬ダンスディレクター　1着
18 年　－ 78 馬ファインニードル　1着
19 年　＋ 78 馬ダノンスマッシュ　1着
20 年　－ 78 馬アウィルアウェイ　1着
21 年　－ 78 馬ラウダシオン　3着
22 年　＋ 78 馬メイケイエール　1着
23 年　－ 78 馬ナムラクレア　1着

古川吉洋騎手の 43 隣馬が３着以内
21 年は４番人気シヴァージが優勝

16 年　＋ 43 馬ローレルベローチェ　2着
17 年　＋ 43 馬ダンスディレクター　1着
18 年　＋ 43 馬ファインニードル　1着
19 年　－ 43 馬エスティタート　2着
21 年　－ 43 馬シヴァージ　1着
23 年　－ 43 馬マッドクール　3着
※ 20、22 年は同騎手の騎乗ナシ。

２～４番人気の中から１着馬が出現
19 年に一度途切れているので、あくまでも参考までに

13 年　2番人気ドリームバレンチノ　1着
14 年　2番人気ストレイトガール　1着
15 年　2番人気アンバルブライベン　1着
16 年　2番人気ダンスディレクター　1着
17 年　3番人気ダンスディレクター　1着
18 年　4番人気ファインニードル　1着
19 年　×
20 年　3番人気アウィルアウェイ　1着
21 年　4番人気シヴァージ　1着
22 年　2番人気メイケイエール　1着
23 年　2番人気ナムラクレア　1着

GII 東京新聞杯

当たり馬番は連動する!

2024年１回東京　芝1600m(４歳上)

正逆　5番8番

共同通信杯		東京新聞杯		
2019 年【正１番】1着	→	2020 年【正１番】	プリモシーン	1着
2020 年【逆4番】1着	→	2021 年【正4番】	カテドラル	2着
2021 年【逆6番】1着	→	2022 年【正6番】	ファインルージュ	2着
2022 年【逆2番】1着	→	2023 年【正2番】	ウインカーネリアン	1着
2023 年【正8番】1着 【逆5番】1着	➡	2024 年	【正逆5番、8番】	

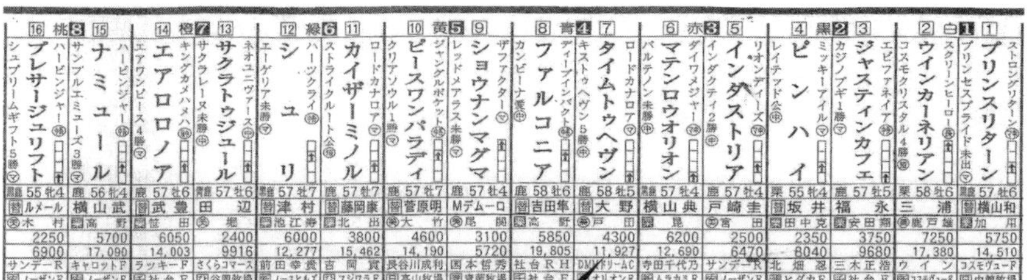

馬番	枠	馬名	父	母	斤量・性齢	騎手	調教師	賞金	総賞金	馬主	生産者
1	白1	プリンスリターン	ストロングリターン	プリンセスブライド 未出	57 牡6	横山和	加用	5750	14,510	コスモヴューF	中館牧場
2	白1	ウインカーネリアン	スクリーンヒーロー	コスモクリスタル 4勝	58 牡6	三浦	鹿戸雄	7250	17,380	ウイン	コスモヴューF
3	黒2	ジャスティンカフェ	エピファネイア	カジノブギ 1勝	57 牡5	福永	安田翔	3750	9680	三木正浩	社台F
4	黒2	ピンハイ	ミッキーアイル	レイテッド 公	55 牝4	坂井	田中克	2350	8040	北畑忍	ヒダカF
5	赤3	インダストリア	リオンディーズ	インダクティ 2勝	57 牡4	戸崎圭	宮田	2500	6470	サンデーR	ノーザンF
6	赤3	マテンロウオリオン	ダイワメジャー	パルテノン 未勝	57 牡4	横山典	昆	6200	12,690	寺田千代乃	ムラカミF
7	青4	タイムトゥヘヴン	ロードカナロア	キストゥヘヴン 5勝	58 牡5	大野	戸田	4300	11,927	DMMドリームC	オリオンF
8	青4	ファルコニア	ディープインパクト	カンビーナ 重	58 牡6	吉田隼	高野	5850	19,805	社台RH	社台F
9	黄5	ショウナンマグマ	ザファクター	レッドメアラス 未勝	57 牡4	Mデムーロ	尾関	3100	5720	国本哲秀	青藍牧場
10	黄5	ピースワンパラディ	ジャングルポケット	クリアソウル 1勝	57 牡7	菅原明	大竹	4600	14,190	長谷川成利	高山牧場
11	緑6	カイザーミノル	ロードカナロア	ストライクルート 公	57 牡7	藤岡康	北出	3800	15,462	吉岡實	フジワラF
12	緑6	シュリ	ハーツクライ	エーゲリア 未勝	57 牡7	津村	池江寿	6000	12,277	前田幸貴	ノースヒルズ
13	橙7	サクラトゥジュール	ネオユニヴァース	サクラレーヌ 未勝	57 牡6	田辺	堀	2400	9916	さくらコマース	谷岡牧場
14	橙7	エアロロノア	キングカメハメハ	エアワンピース 4勝	57 牡6	武豊	笹田	6050	14,003	ラッキーF	社台F
15	桃8	ナミュール	ハービンジャー	サンブルエミューズ 3勝	56 牝4	横山武	高野	5700	17,090	キャロットF	ノーザンF
16	桃8	プレサージュリフト	ハービンジャー	シュプリームギフト 5勝	55 牝4	ルメール	木村	2250	6900	サンデーR	ノーザンF

2023 年 東京新聞杯			
	1着②ウインカーネリアン	(4番人気)	馬連 2360 円
	2着⑮ナミュール	(2番人気)	3連複 8120 円
	3着⑯プレサージュリフト	(6番人気)	3連単 45900 円

注目サイン！

ATTENTION

前走1着馬の隣馬が3着以内
23年は4番人気ウインカーネリアンが逃げ切り

19年	インディチャンプ	隣馬サトノアレス	3着
20年	ヴァンドギャルド	隣馬プリモシーン	1着
21年	カラテ	隣馬シャドウディーヴァ	3着
22年	エイシンチラー	隣馬イルーシヴパンサー	1着
23年	プリンスリツァーン	隣馬ウインカーネリアン	1着

※16年から継続中。

ATTENTION

戸崎圭太騎手の22隣馬が連対中
23年は2番人気2着のナミュールが該当

17年	＋22馬ブラックスピネル	1着
18年	－22馬サトノアレス	2着
21年	－22馬カラテ	1着
22年	＋22馬ファインルージュ	2着
23年	－22馬ナミュール	2着

※16年から継続中。19、20年は同騎手の騎乗ナシ。

ATTENTION

三浦皇成騎手の99隣馬が連対中
19年は1番人気インディチャンプが制す

16年	＋99馬スマートレイアー	1着
18年	－99馬サトノアレス	2着
19年	＋99馬インディチャンプ	1着
22年	＋99馬ファインルージュ	2着
23年	－99馬ナミュール	2着

※15年から継続中。17、20、21年は同騎手の騎乗ナシ。

ATTENTION

横山典弘騎手の2隣枠が連対中
20年は4番人気プリモシーンが優勝

18年	＋2枠サトノアレス	2着
19年	－2枠レッドオルガ	2着
20年	＋2枠プリモシーン	1着
21年	＋2枠カラテ	1着
23年	－2枠ウインカーネリアン	1着

※17年から継続中。22年は同騎手の騎乗ナシ。

GIII きさらぎ賞

当たり馬番は連動する!

2024年２回京都　芝1800m(３歳)

正逆　1番6番

ダイヤモンドS		きさらぎ賞	
2019 年【逆1番】1着	→	2020 年【正1番】コルテシア	1着
2020 年【逆3番】2着	→	2021 年【正3番】ヨーホーレイク	2着
2021 年【逆3番】2着	→	2022 年【正3番】ダンテスヴュー	2着
2022 年【逆7番】1着	→	2023 年【逆7番】フリームファクシ	1着
2023 年【逆6番】1着 【逆1番】2着	➡	2024 年【正逆1番、6番】	

桃8	橙7	緑6	黄5	青4	赤3	黒2	白1
キズナ(輸)	ディープインパクト(輸)	ヴァンキッシュラン(輸)	シルバーステート(マ中)	キズナ(輸)	ドレフォン(短)	ルーラーシップ(輸)	ハーツクライ(輸)
ノーブルライジング	オープンファイア	トーセントラム	ロゼル	レミージュ	クールミラボー	フリームファクシ	シェイクユアハート
エルミラドール未出(中)	ゴーマギーゴー米(中)	ローザデルドバイ愛(中)	レーヌユニヴェール未勝(マ)	バイコースタル米(マ)	サンソヴール3勝(中)	ライツェント未勝(中)	ルンバロッカ愛(マ)
黒鹿 56 牡3	鹿 56 牡3	鹿 56 牡3	青鹿 56 牡3	青 54 牡3	鹿 56 牡3	青鹿 56 牡3	栗 56 牡3
国分恭	替ムルザバエフ	替斎藤	替松山	荻野極	替和田竜	川田	替岩田康
栗宮本	栗斉藤崇	美小桧山	美大和田	栗松永幹	栗寺島	栗須貝尚	栗宮
400	400	400	400	900	400	900	400
750	1130	1470	1080	1550	•800	1580	720
吉木伸彦	長谷川祐司	島川隆哉	田中純一	ノースヒルズ	G1レーシング	金子真人HD	吉田千津
日スウィングF牧場	安ノーザンF	日エスティF	浦杵白牧場	新ノースヒルズ	安ノーザンF	安ノーザンF	千社台F

2023 年 きさらぎ賞		
	1着②フリームファクシ　（1番人気）	馬連 220 円
	2着⑦オープンファイア　（2番人気）	3連複 1300 円
	3着③クールミラボー　（6番人気）	3連単 3040 円

注目サイン！

川田騎手の＋32隣馬が３着以内
19、20、23年は自ら騎乗で馬券に絡む

20年　±32馬アルジャンナ　3着
21年　＋32馬ヨーホーレイク　2着
22年　＋32馬マテンロウレオ　1着
23年　±32馬フリームファクシ　1着
※17年から継続中。19年は±32馬ダノンチェイサーで１着。

前走③番ゲート馬自身か、その隣馬が３着以内
19年以外は自身が馬券に絡んでいる

18年　グローリーヴェイズ　自身2着
19年　エングレーバー　隣馬タガノディアマンテ2着
20年　コルテジア　自身1着
21年　ランドオブリバティ　自身3着
22年　メイショウゲキリン　自身3着
23年　フリームファクシ　自身1着

松山弘平騎手の18隣馬が連対中
22年は２番人気マテンロウレオが優勝

18年　＋18馬グローリーヴェイズ　2着
19年　－18馬ダノンチェイサー　1着
20年　－18馬ストーンリッジ　2着
21年　＋18馬ヨーホーレイク　2着
22年　＋18馬マテンロウレオ　1着
23年　＋18馬オープンファイア　2着

馬名頭文字が「ダ」馬自身か、その隣馬が３着以内
22年はワンツーで馬連790円

17年　ダンビュライト　自身3着
18年　ダノンマジェスティ　隣馬グローリーヴェイズ2着
19年　ダノンチェイサー　自身1着
21年　ダノンジェネラル　隣馬ヨーホーレイク2着
22年　ダンテスヴュー　隣馬マテンロウレオ1着
自身2着
※「タ」も対象になる。20、23年は該当馬の出走ナシ。

GIII クイーンC

2024年１回東京　芝1600m（３歳牝馬）

当たり馬番は連動する！

正逆 3番 17番

エプソムC	クイーンC		
2019 年【正6番】　2着	→ 2020 年【逆6番】	マジックキャッスル	2着
2020 年【逆 11 番】1着	→ 2021 年【逆 11 番】	アカイトリノムスメ	1着
2021 年【逆4番】　1着	→ 2022 年【逆4番】	プレサージュリフト	1着
2022 年【逆7番】　1着	→ 2023 年【正7番】	ドゥアイズ	2着
2023 年【逆3番】　1着 【正 17 番】2着	➡ 2024 年	**【正逆3番、17 番】**	

馬番	枠	父	馬名	母	毛色・斤量・性齢	騎手	調教師	賞金	総賞金	馬主	生産者
16	桃8	ダノンバラード	ミシシッピテソーロ	ハピネスフォーユー1勝	鹿 54 牝3	戸崎圭	畠山吉	1000	2950	了徳寺健二HD	リョーケンF
15	桃8	ロードカナロア	ウンブライル	ラルケット4勝	鹿 54 牝3	ルメール	木村	1000	2300	サンデーR	ノーザンF
14	橙7	モーリス	ブラウンウェーブ	ニューウェーブ未勝	鹿 54 牝3	大野	宗像	400	1260	トップフェロウ	千代田牧場
13	橙7	ブラックタイド	アスパルディーコ	アパパネ7勝	黒鹿 54 牝3	田辺	蛯名正	400	520	金子真人HD	ノーザンF
12	緑6	ゴールドアクター	ゴールドレコーダー	ゴールドタイリン公	黒鹿 54 牝3	田中勝	南田	400	550	居城寿与	北勝F
11	緑6	イスラボニータ	ミカッテヨンデイイ	ボルティモア未勝	黒鹿 54 牝3	松岡	堀内	600	1910	ニューマレコード	社台F
10	黄5	キズナ	グランベルナデット	ラブリーベルナデット未	鹿 54 牝3	松山	大竹	400	520	DMMドリームC	社台F
9	黄5	ハーツクライ	ハーパー	セレスタ亜	鹿 54 牝3	川田	友道	400	800	エムズR	ノーザンF
8	青4	ディスクリートキャット	ニシノカシミヤ	ニシノケイト未勝	鹿 54 牝3	永野	伊藤圭	900	1933	西山茂行	前田F
7	青4	ルーラーシップ	ドゥアイズ	ローズマンブリッジ2勝	鹿 54 牝3	吉田隼	庄野	1000	4140	G1レーシング	ノーザンF
6	赤3	キングマン	（外）イングランドアイズ	ヌーヴォレコルト6勝	鹿 54 牝3	横山和	安田翔	400	700	原禮子	イギリス
5	赤3	サトノクラウン	ウヴァロヴァイト	エイグレット3勝	鹿 54 牝3	横山武	萩原	400	1060	池谷誠一	ノーザンF
4	黒2	エピファネイア	リックスター	プロレタリアト4勝	黒鹿 54 牝3	三浦	鹿戸雄	400	1070	下櫛晃紀	ノーザンF
3	黒2	エピファネイア	モリアーナ	ガルデルスリール2勝	鹿 54 牝3	武藤	武藤	1000	2300	高橋文男	ノーザンF
2	白1	ノヴェリスト	（地）メイドイットマム	コマノスクアーロ1勝	栗 54 牝3	本橋孝	（船橋）石井勝	1620	2828	木村牧場	新井牧場
1	白1	ラブリーデイ	オンザブロッサム	スターズパース1勝	鹿 54 牝3	津村	大和田	400	1100	久保田定	社台F

2023 年 クイーンC			
	1着⑨ハーパー	（6番人気）	馬連 1840 円
	2着⑦ドゥアイズ	（2番人気）	3連複 3300 円
	3着③モリアーナ	（3番人気）	3連単 20710 円

注目サイン！

ATTEN TION

正９番が３着以内
23年は６番人気ハーパーが優勝

18年　正9番アルーシャ　3着
19年　正9番クロノジェネシス　1着
20年　正9番マジックキャッスル　2着
21年　正9番アールドヴィーヴル　2着
22年　正9番スターズオンアース　2着
23年　正9番ハーパー　1着

ATTEN TION

２番人気馬が連対中
23年は２番人気２着のドゥアイズが該当

19年　ビーチサンバ　2着
20年　ミヤマザクラ　1着
21年　アカイトリノムスメ　1着
22年　プレサージュリフト　1着
23年　ドゥアイズ　2着

ATTEN TION

三浦皇成騎手の３隣枠が３着以内
23年は、ここでも優勝馬のハーパーを指名

13年　＋3枠イリュミナンス　3着
14年　－3枠マジックタイム　2着
15年　－3枠ミッキークイーン　2着
16年　－3枠フロンテアクイーン　2着
21年　＋3枠アールドヴィーヴル　2着
23年　＋3枠ハーパー　1着
※09年から継続中。17～20、22年は同騎手の騎乗ナシ。

ATTEN TION

馬名頭文字か末尾が「ス」馬自身か、その隣馬が３着以内
22年は後の二冠牝馬スターズオンアースが２着

19年　アークヴィグラス　隣馬ビーチサンバ2着
20年　アミークス　隣馬セイウンヴィーナス3着
21年　ステラリア　隣馬アカイトリノムスメ1着
22年　スターズオンアース　自身2着
23年　ドゥアイズ　自身2着
※「ズ」も対象。15年から継続中。

GII 共同通信杯

当たり馬番は連動する!

2024年1回東京　芝1800m（3歳）

正逆　9番　12番

京都2歳S		共同通信杯		
2018年【逆4番】	2着	→ 2020年【逆4番】	ダーリントンホール	1着
2019年【逆4番】	2着	→ 2021年【逆4番】	ヴィクティファルス	2着
2020年【逆2番】	2着	→ 2022年【逆2番】	ダノンベルーガ	1着
2021年【逆8番】	2着	→ 2023年【正8番】	ファントムシーフ	1着
2022年【逆9番】	1着	→ 2024年【正逆9番、12番】		
【逆12番】	2着			

枠	馬番	父	馬名	母	毛色・斤量・性齢	騎手	調教師			馬主	生産者
桃8	12	グレーターロンドン	ロードプレイヤー	ホオポノポノ 1勝	鹿 56 牡3	替 田辺	美 尾形和	400	1110	ロードHC	日 アイズS
桃8	11	エピファネイア	ウインオーディン	ピエナビーナス 5勝	黒鹿 56 牡3	替 横山和	美 鹿戸雄	1000	1790	ウイン	コスモヴューF
橙7	10	ロードカナロア	シュタールヴィント	マルセリーナ 4勝	鹿 56 牡3	替 戸崎圭	栗 矢作	400	1130	社台RH	千 社台F
橙7	9	フランケル	(外)レイベリング	ノイエル 愛	鹿 56 牡3	替 Mデムーロ	美 鹿戸雄	400	2500	ビッグレッドF	イギリス
緑6	8	ハービンジャー	ファントムシーフ	ルパンII 米	鹿 56 牡3	替 ルメール	栗 西村	1000	3400	ターフS	谷川牧場
緑6	7	シルバーステート	シルバースペード	サトノペリーニ 未勝	黒鹿 56 牡3	吉田豊	美 小野次	400	890	NinomiyaJR	ひ フジワラF
黄5	6	サトノクラウン	タスティエーラ	パルティトゥーラ 3勝	鹿 56 牡3	替 福永	美 堀	400	700	キャロットF	安 ノーザンF
黄5	5	ドゥラメンテ	タッチウッド	アメージングムーン 1勝	鹿 56 牡3	替 パシュロ	栗 武幸	400	700	吉田和美	村田牧場
青4	4	ドゥラメンテ	シーズンリッチ	エバーシャルマン 2勝	鹿 56 牡3	替 吉田隼	美 久保田	400	780	宇田豊	安 ノーザンF
赤3	3	グレーターロンドン	キョウエイブリッサ	キョウエイポズナン 未勝	鹿 56 牡3	替 三浦	美 武市	400	1990	田中晴夫	山口義彦
黒2	2	ジャスタウェイ	コレペティトール	ペガスナイト 3勝	栗 56 牡3	松山	栗 中竹	900	1730	加藤誠	千 社台F
白1	1	ハーツクライ	ダノンザタイガー	シーズアタイガー 米	黒鹿 56 牡3	川田	美 国枝	1150	2300	ダノックス	安 ノーザンF

2023年
共同通信杯

1着⑧ファントムシーフ　（3番人気）　馬連 1940 円

2着⑤タッチウッド　（5番人気）　3連複 2480 円

3着①ダノンザタイガー　（1番人気）　3連単 13800 円

注目サイン！

ATTENTION

３番人気馬の枠が連対中
見逃せない！近５年は連続で１着

18年　サトノソルタス　2着
19年　ダノンキングリー　1着
20年　ダーリントンホール　1着
21年　エフフォーリア　1着
22年　ダノンベルーガ　1着
23年　ファントムシーフ　1着

ATTENTION

３番人気か４番人気馬が１着継続中
前項のように３番人気枠が強ければ、当然こちらも……

19年　3番人気ダノンキングリー　1着
20年　3番人気ダーリントンホール　1着
21年　4番人気エフフォーリア　1着
22年　3番人気ダノンベルーガ　1着
23年　3番人気ファントムシーフ　1着

ATTENTION

C・ルメール騎手の27隣馬が３着以内
23年は５番人気タッチウッド２着で馬連1940円

19年　＋27馬アドマイヤマーズ　2着
20年　＋27馬ダーリントンホール　1着
21年　－27馬シャフリヤール　3着
22年　＋27馬ダノンベルーガ　1着
23年　－27馬タッチウッド　2着
※10年から継続中。

ATTENTION

戸崎圭太騎手の３隣馬が３着以内
22年は３番人気ダノンベルーガが優勝

16年　－3馬メートルダール　3着
17年　－3馬スワーヴリチャード　1着
19年　＋3馬アドマイヤマーズ　2着
21年　＋3馬シャフリヤール　3着
22年　＋3馬ダノンベルーガ　1着
23年　＋3馬ダノンザタイガー　3着
※14年から継続中。18、20年は同騎手の騎乗ナシ。

GII 京都記念

当たり馬番は連動する!

2024年２回京都　芝2200m（４歳上）

正逆　6番 15番

平安Ｓ		京都記念		
2019 年【逆 10 番】1着	→	2020 年【逆 10 番】	カレンブーケドール	2着
2020 年【逆 10 番】1着	→	2021 年【逆 10 番】	ステイフーリッシュ	2着
2021 年【逆1番】 2着	→	2022 年【正1番】	タガノディアマンテ	2着
2022 年【逆 13 番】1着	→	2023 年【逆 13 番】	マテンロウレオ	2着
2023 年【逆 15 番】1着 【逆6番】 2着	➡	2024 年	**【正逆6番、15 番】**	

枠	馬番	父	馬名	母	毛色・斤量・性齢	騎手	厩舎	賞金	総賞金	馬主	生産者
桃8	13	ハーツクライ	スカーフェイス	スプリングサンダー 5勝	鹿 57 牡7	替 岩田康	橋田	3250	9466	伊藤佳幸	グランド牧場
桃8	12	ハーツクライ	ドウデュース	ダストアンドダイヤモンズ米	鹿 58 牡4	武豊	友道	15,800	35,400	キーファーズ	ノーザンF
橙7	11	キズナ	インプレス	ベアトリスII英	黒鹿 56 牡4	鮫島駿	佐々木晶	2400	5321	前田幸治	社台.F
橙7	10	エピファネイア	エフフォーリア	ケイティーズハート 3勝	鹿 58 牡5	横山武	鹿戸雄	34,800	73,510	キャロットF	ノーザンF
緑6	9	ディープインパクト	キラーアビリティ	キラーグレイシス米	青鹿 56 牡4	替 ムルザバエフ	斉藤崇	6050	12,560	キャロットF	ノーザンF
緑6	8	ディープインパクト	プラダリア	シャッセロール 3勝	鹿 57 牡4	替 池添	池添学	3100	9770	名古屋友豊	オリエント牧場
黄5	7	ステイゴールド	マイネルファンロン	マイネテレジア 1勝	青鹿 57 牡8	替 川須	手塚	6500	19,986	ラフィアン	ビッグレッドF
黄5	6	ノーネイネヴァー	外 ユニコーンライオン	ムラフカ愛	黒鹿 57 牡7	替 坂井	矢作	9600	21,880	ライオンRH	アイルランド
青4	5	ハーツクライ	キングオブドラゴン	ベガスナイト 3勝	黒鹿 57 牡6	替 岩田望	矢作	3550	12,147	窪田芳郎	社台F
青4	4	ステイゴールド	アフリカンゴールド	ブリクセン米	栗 58 騸8	国分恭	西園正	6300	16,775	ゴドルフィン	ダーレージャパンF
赤3	3	ゴールドシップ	ウインマイティー	アオバコリン 公	芦 55 牝6	和田竜	五十嵐	4000	12,510	ウイン	コスモヴューF
黒2	2	ノヴェリスト	ラストドラフト	マルセリーナ 4勝	黒鹿 57 牡7	替 松岡	戸田	4250	14,410	社台RH	社台F
白1	1	ハーツクライ	マテンロウレオ	サラトガヴィーナス 3勝	黒鹿 56 牡4	替 横山典	昆	4650	9430	寺田千代乃	猪野毛牧場

2023 年 京都記念			
	1着⑫ドウデュース	（1番人気）	馬連 1950 円
	2着①マテンロウレオ	（6番人気）	3連複 3470 円
	3着⑧プラダリア	（4番人気）	3連単 14320 円

注目サイン！

前走５番人気馬自身か、その隣馬が３着以内
23年は４番人気プラダリアが３着に健闘

18年	モズカッチャン	隣馬クリンチャー1着
19年	ハートレー	隣馬マカヒキ3着
20年	カレンブーケドール	自身2着
21年	ダンビュライト	自身3着
22年	ユーバーレーベン	隣馬サンレイポケット3着
23年	キラーアビリティ	隣馬プラダリア3着

馬名頭文字か末尾が「ト」馬自身か、その隣馬が３着以内
23年はダービー馬のドウデュースが該当し堂々の優勝

18年	ミッキーロケット	隣馬アルアイン2着
19年	ダンビュライト	自身1着
20年	ドレッドノータス	隣馬クロノジェネシス1着
21年	ダンビュライト	自身3着
22年	アフリカンゴールド	自身1着
23年	ドウデュース	自身1着

※「ド」も対象。

武豊騎手の13隣馬が３着以内
23年は自身騎乗のドゥデュースで勝つ

14年	＋13馬デスペラード	1着
15年	＋13馬ラブリーデイ	1着
21年	＋13馬ダンビュライト	3着
23年	±13馬ドウデュース	1着

※16～20、22年は同騎手の騎乗ナシ。

M・デムーロ騎手自身か、その隣馬が３着以内
18年は４番人気クリンチャーが優勝

09年	タスカータソルテ	隣馬アサクサキングス1着
16年	サトノクラウン	自身1着
17年	サトノクラウン	自身1着
18年	モズカッチャン	隣馬クリンチャー1着
22年	ユーバーレーベン	隣馬サンレイポケット3着

※10～15、19～21、23年は同騎手の騎乗ナシ。

GIII ダイヤモンドS

当たり馬番は連動する!

2024年1回東京　芝3400m(4歳上)

正逆　6番13番

宝塚記念	ダイヤモンドS		
2019年【正1番】　2着	→ 2020年【逆1番】	ミライヘノツバサ	1着
2020年【正14番】2着	→ 2021年【逆14番】	オーソリティ	2着
2021年【正1番】　2着	→ 2022年【逆1番】	ランフォザローゼス	2着
2022年【逆13番】1着	→ 2023年【逆13番】	ミクソロジー	1着
2023年【逆13番】1着 【正6番】　2着	➡ 2024年	【正逆6番、13番】	

馬番	枠	父	馬名	母	斤量等	騎手	調教師	賞金	総賞金	馬主	生産者
16	桃8	ルーラーシップ	ベスビアナイト	モルガナイト 4勝	鹿 55 騸6	替石橋脩	美国枝	2500	6112	サンデーR	ノーザンF
15	桃8	ゴールドシップ	ウインキートス	イクスキューズ 3勝	黒鹿 55 牝6	替横山和	美宗像	6600	19,881	ウイン	コスモヴューF
14	橙7	ディープインパクト	トーセンカンビーナ	カンビーナ 愛	鹿 56 牡7	替江田照	美加藤征	3750	12,092	島川隆哉	社台F
13	橙7	ルーラーシップ	タイセイモナーク	アソルータ 2勝	鹿 53 牡7	替三浦	栗西村	1500	8646	田中成奉	ノーザンF
12	緑6	メイショウサムソン	マリノアズラ	クラウンイヴ 未勝	黒鹿 53 牝5	替横山武	美小手川	1500	6302	矢野まり子	クラウン日高牧場
11	緑6	ハービンジャー	スタッドリー	ウインフロレゾン 2勝	鹿 56 牡5	替モレイラ	栗奥村豊	2400	8390	シルクR	白老F
10	黄5	ディープインパクト	メイショウテンゲン	メイショウベルーガ 7勝	芦 55 牡7	替木幡巧	栗池添兼	3900	12,620	松本好雄	三嶋牧場
9	黄5	ゴールドシップ	ヴェローチェオロ	プレシャスライフ 公	栗 56 牡5	替戸崎圭	栗須貝尚	2400	7840	大野照旺	千代田牧場
8	青4	ディープインパクト	レクセランス	エクセレンスII 仏	鹿 56 牡6	替パシュロ	栗池添学	2100	6490	シルクR	ノーザンF
7	青4	キングカメハメハ	カウディーリョ	ディアデラノビア 5勝	黒鹿 56 牡7	替大野	美堀	3600	8810	キャロットF	ノーザンF
6	赤3	キズナ	アスクワイルドモア	ラセレシオン 3勝	黒鹿 56 牡4	替田中勝	栗藤原英	3700	8190	廣崎利洋HD	社台F
5	赤3	オルフェーヴル	ヒュミドール	アヴェクトワ 未勝	鹿 56 騸7	田辺	美小手川	4000	10,655	サンライズ	宮内牧場
4	黒2	オルフェーヴル	ミクソロジー	スターエンジェル 公	栗 56 牡4	西村淳	栗辻野	2700	5648	江馬由将	タバタF
3	黒2	ハーツクライ	トラストケンシン	アフェランドラ 1勝	鹿 54 牡8	丸田	美高橋文	2400	9004	菅波立知子	村上欽哉
2	白1	トーセンジョーダン	シルブロン	グレイシアブルー 3勝	鹿 55 牡5	ルメール	美稲垣	2400	6077	シルクR	坂東牧場
1	白1	ディープインパクト	キスラー	シャンパンドーロ 米	青鹿 54 牡7	替内田博	栗池江寿	2400	7050	キーファーズ	社台F

2023年ダイヤモンドS			
	1着④ミクソロジー	(2番人気)	馬連 18950円
	2着⑤ヒュミドール	(11番人気)	3連複 17300円
	3着②シルブロン	(1番人気)	3連単 121000円

注目サイン！

最短馬名馬の隣馬が３着以内
距離は長いが、短い馬名が勝利のキーワード

18年	リッジマン	隣馬フェイムゲーム	1着
19年	シホウ	隣馬カフェブリッツ	3着
20年	バレリオ	隣馬ミライヘノツバサ	1着
		隣馬メイショウテンゲン	2着
21年	ボスジラ	隣馬グロンディオーズ	1着
22年	ゴースト	隣馬ランフォザローゼス	2着
23年	キスラー	隣馬シルブロン	3着

２番人気馬の枠が３着以内
23年は２番人気ミクソロジーが優勝

20年	オセアグレイト	3着
21年	ポンデザール	3着
22年	テーオーロイヤル	1着
23年	ミクソロジー	1着

※15年から継続中。

C・ルメール騎手の13隣馬が３着以内
23年は13番人気ヒュミドール２着、馬連万馬券！

07年	－13馬アドバンテージ	3着
09年	－13馬モンテクリスエス	1着
10年	＋13馬ベルウッドローツェ	2着
18年	－13馬リッジマン	2着
21年	＋13馬グロンディオーズ	1着
23年	－13馬ヒュミドール	2着

※08、11～17、19、20、22年は同騎手の騎乗ナシ。

大野拓弥騎手の隣枠が３着以内
22年11番人気２着のランフォザローゼスが該当

19年	－1枠カフェブリッツ	3着
21年	＋1枠ポンデザール	3着
22年	－1枠ランフォザローゼス	2着
23年	－1枠ヒュミドール	2着

※08年から継続中。20年は同騎手の騎乗ナシ。

GII 京都牝馬S

2024年２回京都　芝1400m（４歳上牝馬）

当たり馬番は連動する！

正逆 5番 8番

共同通信杯	京都牝馬S
2019 年【正1番】1着	→ 2020 年【逆1番】サウンドキアラ　1着
2020 年【正2番】2着	→ 2021 年【逆2番】ギルデッドミラー　2着
2021 年【正7番】1着	→ 2022 年【正7番】ロータスランド　1着
2022 年【正5番】2着	→ 2023 年【正5番】ララクリスティーヌ　1着
2023 年【正8番】1着 【正5番】2着	➡ 2024 年【正逆5番、8番】

	18	17	16	15	14	13	12	11	10	9	8	7	6	5	4	3	2	1
枠	桃8	桃8		橙7	橙7		緑6		黄5		青4		赤3		黒2		白1	
父	ポイントオブエントリー	エピファネイア	シルバーステート	ディスクリートキャット	キングズベスト	スクリーンヒーロー	ハーツクライ	シルバーステート	モーリス	ロードカナロア	ディープインパクト	エピファネイア	ダイワメジャー	ミッキーアイル	ハーツクライ	エピファネイア	モーリス	ロードカナロア
馬名	㊇ロータスランド	スカイグルーヴ	ウォーターナビレラ	ルチェカリーナ	ミスニューヨーク	ウインシャーロット	サトノアイ	コムストックロード	シゲルピンクルビー	ボンボヤージ	ヒメノカリス	テンハッピーローズ	ルピナスリード	ララクリスティーヌ	メイショウミモザ	フェルミスフィア	ディヴィーナ	サブライムアンセム
母	リトルミスマフェット米	アドマイヤセプタ5勝	シャイニングサヤカ公	アンリミテッドピサ1勝	マンハッタンミート1勝	マリアヴェロニカ2勝	キャッチザカクテル	ニシノムーンライト6勝	ムーンライトベイ未出	ディープインアスク未勝	ドバイマジェスティ米	フェータルローズ3勝	ルパンII米	スーパーマダム1勝	メイショウベルーガ7勝	フェルミオン1勝	ヴィルシーナ5勝	パストフォリア4勝
毛色・斤量・性齢	鹿 56 牝6	栗 55 牝6	青鹿 55 牝4	栗 55 牝5	青鹿 56 牝6	鹿 55 牝5	青鹿 55 牝5	鹿 55 牝4	栗 56 牝5	鹿 56 牝6	鹿 55 牝6	栗 55 牝5	黒鹿 55 牝4	黒鹿 55 牝5	芦 57 牝6	栗 55 牝6	鹿 55 牝5	鹿 57 牝4
騎手	岩田康	ムルザバエフ	武豊	和田竜	Mデムーロ	石川	吉田隼	国分優	高倉	川須	松山	福永	川田	菅原明	池添	杉原	坂井	岩田望
調教師	辻野	木村	武幸	高橋忠	杉山晴	和田郎	須貝尚	中野栄	渡辺	梅田智	池江寿	高柳大	吉岡	斉藤崇	池添兼	木村	友道	藤原英
賞金	10,150	4000	5100	2400	6100	4550	2400	1700	4200	4450	2400	2400	2400	5000	5150	2400	2400	3000
総賞金	21,690	9972	11,930	7907	18,177	11,570	5411	5250	9750	9553	6002	9610	5600	11,890	13,084	6620	5370	6440
馬主	小林英一HD	シルクR	山岡正人	加藤徹	高昭牧場	ウイン	里見治	ビッグレッドF	森中啓子	廣崎利洋	サンデーR	天白泰司	ターフS	フジイ興産	松本好雄	キャロットF	佐々木主浩	サンデーR
生産者	アメリカ	ノーザンF	伏木田牧場	大狩部牧場	高昭牧場	コスモヴューF	三嶋牧場	ビッグレッドF	天羽牧場	ASK STUD	ノーザンF	社台F	谷川牧場	土井牧場	三嶋牧場	ノーザンF	ノーザンF	ノーザンF

2023 年 京都牝馬S	1着⑤ララクリスティーヌ（2番人気）	馬連 940 円
	2着⑬ウインシャーロット（1番人気）	3連複 2520 円
	3着⑱ロータスランド（3番人気）	3連単 9780 円

注目サイン！

武豊騎手の74隣馬が３着以内
19年は13番人気アマルフィコースト３着、３連単153万馬券！

17年	－74馬レッツゴードンキ	1着
18年	－74馬デアレガーロ	2着
19年	－74馬アマルフィコースト	3着
20年	＋74馬プールヴィル	2着
21年	－74馬ギルデッドミラー	2着
22年	＋74馬タンタラス	3着
23年	＋74馬ロータスランド	3着

５番人気馬自身か、その隣馬が３着以内
23年は３番人気３着ロータスランドが該当

20年	エイシンティンクル	隣馬サウンドキアラ1着
21年	ギルデッドミラー	自身2着
		隣馬ブランノワール3着
22年	ロータスランド	自身１着
23年	サプライムアンセム	隣馬ロータスランド3着

※17年から継続中。

５枠か７枠が３着以内
19年は５枠⑩番デアレガーロが９番人気１着！

19年	5枠デアレガーロ	1着
20年	5枠プールヴィル	2着
21年	7枠ブランノワール	3着
22年	7枠タンタラス	3着
23年	7枠ウインシャーロット	2着

※14年から継続中。

前走③番ゲート馬自身か、その隣馬が３着以内
21年は３番人気イベリスが優勝

20年	ノーワン	隣馬サウンドトラック1着
	サウンドキアラ	自身1着
21年	イベリス	自身1着
22年	ドナウデルタ	隣馬タンタラス3着
23年	スカイグルーヴ	隣馬ロータスランド3着

※17年から継続中。

GIII 小倉大賞典

当たり馬番は連動する!

2024年1回小倉　芝1800m（4歳上）

正逆 4番 12番

東海S			小倉大賞典		
2019年【正3番】	2着	→	2020年【逆3番】	ドゥオーモ	2着
2020年【正15番】	2着	→	2021年【正15番】	ボッケリーニ	2着
2021年【正12番】	2着	→	2022年【正12番】	ランブリングアレー	2着
2022年【逆6番】	2着	→	2023年【正6番】	ヒンドゥタイムス	1着
2023年【正4番】 【逆12番】	2着 2着	➡	2024年	【正逆4番、12番】	

馬番	枠	父	馬名	母	毛色・斤量・性齢	騎手	厩舎	賞金	総賞金	馬主	生産者
1	白1	ハーツクライ	カテドラル	アビラ英	鹿 58 牡7	団野	池添学	8500	20,260	キャロットF	ノーザンF
2	白1	ディープインパクト	レッドランメルト	クイーンズアドヴァイス英	鹿 55 牡4	吉田隼	國枝	2400	5830	東京HR	社台牧場
3	黒2	レッドスパーダ	テイエムスパーダ	トシザコジーン3勝	芦 54 牝4	今村	五十嵐	3550	7980	竹園正繼	浦河小林牧場
4	黒2	ディープインパクト	レッドベルオーブ	レッドファンタジア未勝	青鹿 57.5 牡5	北村友	藤原英	3500	8790	東京HR	ノーザンF
5	赤3	ロードカナロア	ゴールドギア	ギンザボナンザ5勝	黒鹿 55 牡8	丸山	伊藤圭	3800	13,886	有馬博文	三嶋牧場
6	赤3	ハービンジャー	ヒンドゥタイムズ	マハーバーラタ1勝	鹿 57.5 騸7	ムルザバエフ	斉藤崇	4650	15,040	シルクR	ノーザンF
7	青4	ルーラーシップ	バジオウ	フローレスダンサー1勝	鹿 55 牡5	菱田	田中博	2500	5940	鈴木剛史	社台F
8	青4	エイシンフラッシュ	インテンスライト	スコルピオンキッス1勝	鹿 55 牡7	勝浦	菊沢	2400	8300	堂守貴志	カミイスタット
9	黄5	ディープインパクト	サトノエルドール	ミゼリコルデ4勝	鹿 56 牡7	藤岡佑	國枝	3600	10,980	里見治	追分F
10	黄5	ヴィクトワールピサ	フォルコメン	イマーキュレイトキャット米	鹿 56 騸7	田辺	堀	3200	10,024	社台RH	社台F
11	緑6	マンハッタンカフェ	ダンディズム	ビューティーコンテスト愛	黒鹿 56 騸7	富田	野中	2500	8762	カナヤマHD	三嶋牧場
12	緑6	スクリーンヒーロー	ウイングレイテスト	グレートキャティ2勝	栗 57 牡6	松岡	畠山吉	3450	13,644	ウイン	コスモヴューF
13	橙7	ロードカナロア	ホウオウエミーズ	エミーズスマイル公	鹿 54 牝6	丸田	池上和	3600	9775	小笹芳央	社台F
14	橙7	ヴィクトワールピサ	ロングラン	ノッテビアンカ仏	鹿 55 騸5	丹内	和田勇	2400	4850	梅澤明	社台F
15	桃8	ローズキングダム	フォワードアゲン	エーシンシャイナー未勝	黒鹿 54 騸6	黛	中野栄	2400	7752	浅川皓司	信田牧場
16	桃8	ルーラーシップ	アルサトワ	ポップアイコン3勝	鹿 57.5 牡6	幸	斉藤崇	5200	9661	ゴドルフィン	ダーレージャパンF

2023年 小倉大賞典			
	1着⑥ヒンドゥタイムズ	（2番人気）	馬連 1580円
	2着①カテドラル	（9番人気）	3連複 10670円
	3着⑦バジオウ	（10番人気）	3連単 39610円

注目サイン！

正逆17番が3着以内
19年は正逆ワンツーで馬連1840円

19年	逆17番スティッフェリオ	1着
	正17番タニノフランケル	2着
20年	逆17番ドゥオーモ	2着
21年	逆17番ディアンドル	3着
22年	逆17番アリーヴォ	1着
23年	正17番カテドラル	2着

※18年から継続中。

吉田隼人騎手の隣馬が3着以内
23年は9番人気カテドラル2着、馬連3750円

19年	隣馬タニノフランケル	2着
20年	隣馬ドゥオーモ	2着
21年	隣馬テリトーリアル	1着
23年	隣馬カテドラル	2着

※17年から継続中。22年は同騎手の騎乗ナシ。

前走①番ゲート馬自身か、その隣馬が3着以内
23年は2番人気ヒンドゥタイムズが優勝

19年	タニノフランケル	自身2着
20年	テリトーリアル	隣馬カデナ1着
21年	ベステンダンク	隣馬ボッケリーニ2着
22年	アイスバブル	隣馬ランブリングアレー2着
23年	バジオウ	隣馬ヒンドゥタイムズ1着
		自身3着

馬名頭文字か末尾「ア」馬の隣馬が3着以内
21年は11番人気テリトーリアル優勝、単勝2380円！

19年	アメリカズカップ	隣馬サイモンラムセス	3着
20年	アロハリリー	隣馬カデナ	1着
21年	アドマイヤジャスタ	隣馬テリトーリアル	1着
22年	アールスター	隣馬アリーヴォ	1着
23年	ゴールドギア	隣馬ヒンドゥタイムズ	1着
	アルサトワ	隣馬カテドラル	2着

※17年から継続中。

GII 中山記念

当たり馬番は連動する!

2024年２回中山　芝1800m(４歳上)

正逆　5番10番

日経新聞杯		中山記念		
2019 年【逆7番】 2着	→	2020 年【正7番】	ラッキーライラック	2着
2020 年【正4番】 2着	→	2021 年【正4番】	ケイデンスコール	2着
2021 年【正5番】 2着	→	2022 年【正5番】	パンサラッサ	1着
2022 年【正4番】 2着	→	2023 年【逆4番】	ヒシイグアス	1着
2023 年【正 10 番】2着 【逆5番】 2着	➡	2024 年	【正逆5番、10 番】	

枠	馬番	馬名	父	母	毛色	斤量	性齢	騎手	調教師	賞金	総賞金	馬主	生産者
白1	1	ダノンザキッド	ジャスタウェイ	エピックラヴ 愛	鹿	57	牡5	北村友	栗 安田隆	14,610	37,521	ダノックス	ノーザンF
黒2	2	(地)ソロフレーズ	ディープスカイ	パラフレーズ 英	青鹿	57	牡8	替 武士沢	美 佐藤吉	2950	6273	松谷翔太	ダーレージャパンF
赤3	3	イルーシヴパンサー	ハーツクライ	イルーシヴキャット 2勝	黒鹿	57	牡5	替 Mデムーロ	美 久保田	6600	14,790	草間庸文	追分F
赤3	4	ドーブネ	ディープインパクト	プレミアステップス 愛	青	56	牡4	武豊	栗 武幸	2500	7050	藤田晋	社台F
青4	5	(外)シュネルマイスター	キングマン	セリエンホルデ 独	鹿	58	牡5	替 バシュロ	美 手塚	16,800	38,610	サンデーR	ドイツ
青4	6	ソーヴァリアント	オルフェーヴル	ソーマジック 4勝	鹿	57	牡5	替 横山武	美 大竹	6800	14,860	社台RH	社台F
黄5	7	(地)ナイママ	ダノンバラード	ニシノマドカ 1勝	鹿	57	牡7	替 柴田大	美 武藤	2450	8222	ビッグレッドF	道見牧場
黄5	8	トーラスジェミニ	キングズベスト	エリモエトワール 1勝	鹿	57	牡7	原	美 小桧山	8450	19,550	柴原榮	川上牧場
緑6	9	ショウナンマグマ	ザファクター	レッドメアラス 未勝	鹿	56	牡4	替 石橋脩	美 尾関	3100	5720	国本哲秀	青藍牧場
緑6	10	モズベッロ	ディープブリランテ	ハーランズルビー 米	鹿	57	牡7	替 大野	栗 森田	8400	22,750	キャピタルS	村田牧場
橙7	11	ヒシイグアス	ハーツクライ	ラリズ 亜	黒鹿	57	牡7	替 松山	美 堀	16,180	38,750	阿部雅英	ノーザンF
橙7	12	スタニングローズ	キングカメハメハ	ローザブランカ 3勝	鹿	55	牝4	替 吉田隼	栗 高野	12,900	27,340	サンデーR	ノーザンF
桃8	13	ラーグルフ	モーリス	アバンドーネ 未勝	黒鹿	56	牡4	替 菅原明	美 宗像	4650	12,100	村木隆	スマイルF
桃8	14	リューベック	ハービンジャー	ライツェント 未勝	鹿	56	牡4	替 田辺	栗 須貝尚	2500	6680	金子真人HD	ノーザンF

2023 年 中山記念			
	1着(11)ヒシイグアス	(5番人気)	馬連 5340 円
	2着(13)ラーグルフ	(8番人気)	3連複 20170 円
	3着(4)ドーブネ	(7番人気)	3連単 129610 円

注目サイン！

ATTENTION 正逆165番が連対中
6/7で1着のビックリサイン！

17年　逆165番ネオリアリズム　1着
18年　正165番ウインブライト　1着
19年　逆165番ウインブライト　1着
20年　正165番ダノンキングリー　1着
21年　逆165番ケイデンスコール　2着
22年　正165番パンサラッサ　1着
23年　正165番ヒシイグアス　1着

ATTENTION 前年3着馬番か、その隣馬が3着以内
24年は馬番③、④、⑤に期待

18年3着⑧番　→　19年　⑦番ステルヴィオ　3着
19年3着⑦番　→　20年　⑦番ラッキーライラック　2着
20年3着④番　→　21年　④番ケイデンスコール　2着
21年3着⑬番　→　22年　⑫番アドマイヤハダル　3着
22年3着⑫番　→　23年　⑪番ヒシイグアス　1着
23年3着④番　→　24年　③番、④番、⑤番が候補
※14年から継続中。

ATTENTION 石橋脩騎手の2隣馬が3着以内
23年は5番人気ヒシイグアスが優勝、単勝920円

15年　－2馬ヌーヴォレコルト　1着
19年　－2馬ウインブライト　1着
22年　＋2馬アドマイヤハダル　3着
23年　＋2馬ヒシイグアス　1着
※11年から継続中。16～18、20、21年は同騎手の騎乗ナシ。

ATTENTION 武豊騎手の7隣馬が3着以内
23年はここでもヒシイグアスを1着指名

10年　－7馬ショウワモダン　3着
11年　－7馬ヴィクトワールピサ　1着
12年　－7馬フェデラリスト　1着
14年　－7馬ジャスタウェイ　1着
23年　＋7馬ヒシイグアス　1着
※13、15～22年は同騎手の騎乗ナシ。

GIII 阪急杯

2024年１回阪神　芝1400m（４歳上）

当たり馬番は連動する！

正逆　1番 16番

オーシャンS		阪急杯		
2019 年【逆5番】　2着	→	2020 年【逆5番】	ベストアクター	1着
2020 年【正 10 番】2着	→	2021 年【逆 10 番】	レシステンシア	1着
2021 年【逆 14 番】2着	→	2022 年【逆 14 番】	トゥラヴェスーラ	2着
2022 年【逆6番】　2着	→	2023 年【逆6番】	アグリ	1着
2023 年【正1番】　2着 【逆 16 番】2着	➡	2024 年	【正逆1番、16 番】	

枠	馬番	父	馬名	母（成績）	毛色・斤量・性齢	騎手	調教師	賞金	総賞金	馬主	生産者
桃8	16	ロードカナロア	ルプリュフォール	マイノチカラ(公)	鹿 57 騸7	替 横山典	美 松永幹	3800	11,446	名古屋友豊	社台F
桃8	15	キングカメハメハ	ホウオウアマゾン	ヒカルアマランサス 4勝	栗 57 牡5	替 国分優	栗 矢作	6200	15,590	小笹芳央	ノーザンF
橙7	14	ディープインパクト	グレイイングリーン	リトルゲルダ 7勝	芦 57 牡5	替 団野	栗 池江寿	2400	7000	青芝商事	追分F
橙7	13	ハーツクライ	ラルナブリラーレ	シルヴァーカップ(愛)	鹿 55 牝6	鮫島駿	栗 石坂公	2400	7795	社台RH	社台F
緑6	12	ディープブリランテ	ミッキーブリランテ	エピッククラヴ(愛)	鹿 57 牡7	替 和田竜	栗 矢作	5400	17,410	野田みづき	ノーザンF
緑6	11	カラヴァッジョ	アグリ	オールドタイムワルツ(米)	青鹿 57 牡4	替 横山和	美 安田隆	2400	5020	三木正浩	ノーザンF
黄5	10	ルーラーシップ	リレーションシップ	カラフルブラッサム 3勝	鹿 57 牡6	替 岩田康	栗 須貝尚	2400	6485	吉田勝己	ノーザンF
黄5	9	ワークフォース	メイショウケイメイ	メイショウアキシノ 2勝	鹿 55 牝7	替 角田河	栗 南井	2100	4320	松本好雄	富田牧場
青4	8	リオンディーズ	ショウナンアレス	クレヨンルージュ 3勝	鹿 57 牡5	戸崎圭	美 池添兼	1500	7210	国本哲秀	ノーザンF
青4	7	フランケル	グレナディアガーズ	ウェイヴェルアベニュー(加)	鹿 57 牡5	替 岩田望	栗 中内田	9350	22,347	サンデーR	ノーザンF
赤3	6	ヴァンセンヌ	ロードベイリーフ	ショウナンアオバ 未勝	黒鹿 57 牡6	酒井	栗 森田	2400	9880	ロードHC	大北牧場
赤3	5	キズナ	ダディーズビビッド	ケイティーズギフト 1勝	鹿 57 牡5	浜中	栗 千田	3500	12,570	田島大史	上水牧場
黒2	4	モンテロッソ	ホープフルサイン	ステラーホープ 2勝	黒鹿 57 牡7	幸	本間	3800	11,522	Aサッポロ	日進牧場
黒2	3	ルーラーシップ	サトノラムセス	サトノエカテリーナ 未勝	鹿 57 牡5	替 池添	栗 橋口慎	2400	5791	里見治	下河辺牧場
白1	2	ロードカナロア	メイショウチタン	ラルティスタ 3勝	黒鹿 57 牡6	替 荻野極	栗 本田	2400	8215	松本好雄	松田牧場
白1	1	クロフネ	メイショウベンガル	キンショーオトヒメ 3勝	芦 57 牡6	替 高倉	栗 松永昌	2400	7722	松本好雄	多田善弘

2023 年
阪急杯

1着⑪アグリ　（2番人気）　馬連 2430 円

2着⑤ダディーズビビッド（3番人気）　3連複 11530 円

3着⑮ホウオウアマゾン　（6番人気）　3連単 44260 円

注目サイン！

浜中俊騎手自身か、その隣馬が3着以内
23年は自身騎乗のダディーズビビッドで2着に入る

18年	隣馬ダイアナヘイロー	1着
19年	隣馬ロジクライ	3着
20年	自身ベストアクター	1着
23年	自身ダディーズビビッド	2着

※11年から継続中。21、22年は同騎手の騎乗ナシ。

和田竜二騎手の15隣馬が1着継続中
24年の騎乗に期待するしかない！

20年	＋15馬ベストアクター	1着
21年	－15馬レシステンシア	1着
22年	－15馬ダイアトニック	1着
23年	＋15馬アグリ	1着

前走1着馬自身か、その隣馬が3着以内
19年はワンツーで馬連万馬券！

19年	エントシャイデン	隣馬スマートオーディン1着
		隣馬レッツゴードンキ2着
20年	ベストアクター	自身1着
21年	ミッキーブリランテ	自身2着
22年	サンライズオネスト	自身3着
23年	アグリ	自身1着

岩田康誠騎手の隣枠が3着以内
23年は2番人気アグリが制す

11年	隣枠サンカルロ	1着
13年	隣枠マジンプロスパー	2着
16年	隣枠オメガヴェンデッタ	2着
18年	隣枠ダイアナヘイロー	1着
19年	隣枠スマートオーディン	1着
20年	隣枠ベストアクター	1着
22年	隣枠サンライズオネスト	3着
23年	隣枠アグリ	1着

※07年から継続中。12、14、15、17、21年は同騎手の騎乗ナシ。

GIII オーシャンS

2024年２回中山　芝1200m（４歳上）

当たり馬番は連動する！

正逆 2番3番

中山金杯				オーシャンS		
2019年	【正15番】	2着	→	2020年【逆15番】	ダノンスマッシュ	1着
2020年	【正8番】	2着	→	2021年【正8番】	コントラチェック	1着
2021年	【正9番】	1着	→	2022年【逆9番】	ジャンダルム	1着
2022年	【正8番】	1着	→	2023年【逆8番】	ヴェントヴォ―チェ	1着
2023年	【正3番】	1着	➡	2024年	【正逆2番、3番】	
	【正2番】	2着				

1	白1	ヴィクトワールピサ	ディヴィナシオン	フギン 4勝	黒鹿 57 牡6	菅原明	森 秀	2400	9773	一村哲也	高山牧場
2	白1	ゴールドアリュール	ナランフレグ	ケリーズビューティ	栗 59 牡7	丸 田	宗 像	12,950	36,754	村木克成	坂戸節子
3	黒2	サトノアラジン	グラスミヤラビ	グラスケリー 未勝	黒鹿 55 牝4	柴田善	杉 浦	2400	5890	半 沢	飛渡牧場
4	黒2	ディープインパクト	ロードマックス	パーフェクトトリビュート 英	鹿 57 牡5	団 野	藤原英	3250	7390	ロードHC	ケイアイF
5	赤3	アイアムインヴィンシブル	外 ジャズエチュード	ムンバイロック 豪	鹿 55 牝5	石 川	黒 岩	2900	6500	吉田勝己	オーストラリア
6	赤3	ロードカナロア	ジュビリーヘッド	ローズノーブル 4勝	鹿 57 牡6	横山和	安田隆	4400	13,370	キャロットF	ノーザンF
7	青4	ダイワメジャー	オパールシャルム	ジルコニア 3勝	栗 55 牝6	武 藤	武 藤	3600	11,080	落合幸弘	下河辺牧場
8	青4	サクラオリオン	カイザーメランジェ	サクラジュレップ 未勝	鹿 57 牡8	黛	中野栄	4350	11,979	ライフENT	谷岡S
9	黄5	タートルボウル	ヴェントヴォーチェ	ランウェイスナップ	鹿 57 牡6	ルメール	牧 浦	5950	13,190	エデンA	下河辺牧場
10	黄5	ロードカナロア	レイハリア	ライトリーチューン 未勝	鹿 55 牝5	吉田豊	田島俊	4850	10,448	ヒダカBU	谷岡牧場
11	緑6	ロードカナロア	キミワクイーン	チェリーペトルズ 2勝	鹿 55 牝4	岩田康	奥村武	2400	5520	渡邊輝實	追分F
12	緑6	ロードカナロア	タイムトゥヘヴン	キストゥヘヴン 5勝	鹿 57 牡5	大 野	戸 田	4300	11,927	DMMドリームC	オリオンF
13	橙7	エイシンヒカリ	エイシンスポッター	マーゼリン 愛	栗 57 牡4	角田河	吉 村	2400	5570	栄進堂	水田牧場
14	橙7	キズナ	スンリ	ホットマンボ 米	鹿 55 牝5	ムルザバエフ	清水久	2400	8444	白日光	石郷岡五月
15	桃8	デクラレーションオブウォー	外 ジャスパージャック	クレセントムーン 米	鹿 57 牡7	北村宏	森 秀	3800	9710	加藤和夫	アメリカ
16	桃8	シャンハイボビー	外 マリアズハート	マリアズダンス 米	鹿 55 牝7	吉田隼	菊 沢	5000	13,770	ノルマンディーTR	アメリカ

2023年	1着⑨ヴェントヴォーチェ（2番人気）	馬連 37100円
オーシャン	2着①ディヴィナシオン　（15番人気）	3連複 113200円
S	3着⑬エイシンスポッター（5番人気）	3連単 580400円

注目サイン！

マル外馬自身か、その隣馬が連対中
23年は15番人気ディヴィナシオンが２着、馬連３万馬券！

17年　メグラーナ　自身1着
18年　リエノテソーロ　隣馬キングハート1着
19年　モズスーパーフレア　自身1着
22年　ジャンダルム　自身1着
23年　マリアズハート　隣馬ディヴィナシオン2着
※15年から継続中。20、21年は対象馬の出走ナシ。

ビリ人気馬の枠の隣枠が連対中
18年は10番人気キングハートが優勝、単勝3130円！

18年　隣枠4枠キングハート　1着
19年　隣枠7枠モズスーパーフレア　1着
20年　隣枠1枠ダノンスマッシュ　1着
21年　隣枠2枠カレンモエ　2着
22年　隣枠6枠ナランフレグ　2着
23年　隣枠5枠ヴェントヴォーチェ　1着

１番人気か２番人気馬が３着以内
5／６で２番人気馬が馬券に絡んでいる

18年　2番人気ナックビーナス　2着
19年　2番人気ナックビーナス　2着
20年　2番人気タワーオブロンドン　3着
21年　1番人気カレンモエ　2着
22年　2番人気ジャンダルム　1着
23年　2番人気ヴェントヴォーチェ　1着

大野拓弥騎手の隣枠が３着以内
23年は２番人気ヴェントヴォーチェが優勝

18年　隣枠ナックビーナス　2着
19年　隣枠モズスーパーフレア　1着
21年　隣枠コントラチェック　1着
22年　隣枠ビアンフェ　3着
23年　隣枠ヴェントヴォーチェ　1着
※20年は同騎手の騎乗ナシ。

GⅡ チューリップ賞

2024年１回阪神　芝1600m(３歳牝馬)

当たり馬番は連動する!

正逆 5番12番

ダービー	チューリップ賞		
2019 年【正1番】　1着	→ 2020 年【正1番】	クラヴァシュドール	2着
2020 年【正5番】　1着	→ 2021 年【正5番】	エリザベスタワー	1着
2021 年【正1番】　2着	→ 2022 年【正1番】	ピンハイ	2着
2022 年【正 13 番】1着	→ 2023 年【正 13 番】	コナコースト	2着
2023 年【正 12 番】1着 【正5番】　2着	➡ 2024 年【正逆5番、12 番】		

馬番	枠	父	馬名	母	毛色・斤量・性齢	騎手	調教師	賞金	総賞金	馬主	生産者
1	白1	リアルスティール	アンリーロード	カシシ 未勝	鹿 54 牝3	池添	茶木	400	800	三木正浩	ノーザンF
2	白1	ダノンバラード	キタウイング	キタノリツメイ 未勝	黒鹿 54 牝3	杉原	小島茂	3850	7430	ミルF	ミルF
3	黒2	エピファネイア	ルミノメテオール	クイーンナイサー 未勝	黒鹿 54 牝3	Mデムーロ	金成	900	1730	尾上松壽	タイヘイ牧場
4	黒2	エイシンフラッシュ	エクローサ	クラリスピンク 3勝	青 54 牝3	藤岡康	坂口智	400	700	吉田千津	社台F
5	赤3	ダイワメジャー	ダルエスサラーム	ザズー 米	栗 54 牝3	幸	高野	1600	3110	サンデーR	ノーザンF
6	赤3	キズナ	レミージュ	バイコースタル 米	青 54 牝3	荻野極	松永幹	900	1950	ノースヒルズ	ノースヒルズ
7	青4	ジャスタウェイ	マラキナイア	カウアイレーン 5勝	黒鹿 54 牝3	松山	吉岡	400	990	社台RH	社台F
8	青4	ドゥラメンテ	ドゥーラ	イシス 1勝	黒鹿 54 牝3	戸崎圭	高橋康	2000	3730	サイプレスHD	グランデF
9	黄5	リアルインパクト	モズメイメイ	インラグジュアリー 米出	鹿 54 牝3	武豊	音無	900	2030	キャピタルS	社台F
10	黄5	キズナ	アリスヴェリテ	ルミエールヴェリテ 未勝	鹿 54 牝3	坂井	中竹	400	2380	加藤誠	ノースヒルズ
11	緑6	ハーツクライ	バースクライ	ティップトップ 3勝	鹿 54 牝3	浜中	千田	400	1500	ゴドルフィン	ダーレージャパンF
12	緑6	モーリス	カフジキアッキエレ	ヴァイスハイト 2勝	鹿 54 牝3	国分恭	森田	400	550	加藤守	ノーザンF
13	橙7	キタサンブラック	コナコースト	コナブリュワーズ 4勝	青鹿 54 牝3	鮫島駿	清水久	400	1500	サンデーR	ノーザンF
14	橙7	ハーツクライ	ルカン	スパニッシュクイーン 米	黒鹿 54 牝3	横山典	安田翔	0	500	小林昌子	追分F
15	桃8	キタサンブラック	ワレハウミノコ	キャンディネバダ 亜	黒鹿 54 牝3	富田	武英	400	1170	谷掛龍夫	社台F
16	桃8	ドゥラメンテ	サーマルソアリング	トータルヒート 5勝	鹿 54 牝3	岩田望	藤原英	400	908	キャロットF	白老F
17	桃8	モーリス	ペリファーニア	ケイティーズハート 3勝	黒鹿 54 牝3	横山武	鹿戸雄	400	700	キャロットF	ノーザンF

2023 年チューリップ賞			
	1着⑨モズメイメイ	(7番人気)	馬連 6890 円
	2着⑬コナコースト	(6番人気)	3連複 20280 円
	3着⑰ペリファーニア	(2番人気)	3連単 155330 円

注目サイン！

正逆85番が３着以内
21、22年は１番人気馬が連勝

18年	正85番	ラッキーライラック	1着
19年	正逆85番	ノーブルスコア	3着
20年	正85番	クラヴァシュドール	2着
21年	正85番	メイケイエール	1着
22年	逆85番	ナミュール	1着
23年	正85番	ペリファーニア	3着

幸英明騎手の＋38隣馬が連対中
23年は７番人気モズメイメイが逃げ切り

17年	＋38馬	ミスパンテール	2着
20年	＋38馬	マルターズディオサ	1着
21年	＋38馬	エリザベスタワー	1着
23年	＋38馬	モズメイメイ	1着

※14年から継続中。18、19年は同騎手の騎乗ナシ。21年はメイケイエール、エリザベスタワーが1着同着。

阪神ＪＦ連対馬が３着以内
近年は２頭絡みだとワイド馬券が効果的

18年	ラッキーライラック	1着（阪神JF1着）
	リリーノーブル	3着（阪神JF2着）
19年	ダノンファンタジー	1着（阪神JF1着）
20年	マルターズディオサ	1着（阪神JF2着）
	レシステンシア	3着（阪神JF1着）
22年	サークルオブライフ	3着（阪神JF1着）

※07年から継続中。23年は該当馬の出走ナシ。

前走３番人気馬自身か、その隣馬が３着以内
23年は３着馬ペリファーニアが該当

19年	シェーングランツ	隣馬ノーブルスコア3着
20年	クラヴァシュドール	自身2着
21年	エリザベスタワー	自身1着
22年	サークルオブライフ	自身3着
23年	サーマルソアリング	隣馬ペリファーニア3着

※13年から継続中

GII 弥生賞
ディープインパクト記念

当たり馬番は連動する!

2024年２回中山　芝2000m(３歳)

正逆　9番13番

チューリップ賞		弥生賞		
2019 年【正１番】 1着	→	2020 年【正１番】	サトノフラッグ	1着
2020 年【正１番】 2着	→	2021 年【逆１番】	シュネルマイスター	1着
2021 年【正５番】 2着	→	2022 年【逆５番】	ドウデュース	2着
2022 年【正６番】 1着	→	2023 年【正６番】	タスティエーラ	1着
2023 年【正９番】 1着 【正 13 番】2着	➡	2024 年	【正逆９番、13 番】	

桃8		橙7		緑6	黄5	青4	赤3	黒2	白1
10	9	8	7						
ラブリーデイ	リアルスティール	シルバーステート	シルバーステート	サトノクラウン	ハーツクライ	デクラレーションオブウォー	キズナ	ハービンジャー	エピファネイア
グリューネグリーン	ヨリマル	セッション	ゴッドファーザー	タスティエーラ	フォトンブルー	トップナイフ	アームブランシュ	ワンダイレクト	レヴォルタード
レディーダービー未勝	テイエムオーシャン7勝	ミスドバウィ4勝	ノッツダルジェント未勝	パルティトゥーラ3勝	シルヴァースカヤ米	ビーウインド未勝	ソウルフルヴォイス4勝	ワントゥワン5勝	バウンスシャッセ5勝
栗 56 牡3	鹿 56 牡3	黒鹿 56 牡3	青鹿 56 牡3	鹿 56 牡3	鹿 56 牡3	青鹿 56 牡3	黒鹿 56 牡3	鹿 56 牡3	黒鹿 56 牡3
Mデムーロ	替横山和	替ムルザバエフ	替武豊	替松山	替戸崎圭	横山典	吉田豊	替ルメール	替横山武
美相沢	栗上村	栗斉藤崇	美萩原	美堀	栗武幸	栗昆	美竹内	栗藤岡健	美手塚
2000	400	400	400	400	400	3200	400	400	400
4000	760	1200	700	1300	700	6690	630	1500	800
斎藤光政	辻子依旦	林正道	NICKS	キャロットF	TNレーシング	安原浩司	古川一弘	青山洋一	キャロットF
日本間牧場	浦川越F	安ノーザンF	日スマイルF	安ノーザンF	安ノーザンF	浦杵白牧場	千社台F	千社台F	安ノーザンF

2023 年 弥生賞			
	1着⑥タスティエーラ	（3番人気）	馬連 680 円
	2着④トップナイフ	（1番人気）	3連複 800 円
	3着②ワンダイレクト	（2番人気）	3連単 4010 円

注目サイン！

ATTENTION

前走ホープフルＳの５着以内馬が３着以内
ホープフルＳの掲示板を思い出せ！

18 年	ジャンダルム	3着（ホープフルS2着）
19 年	ブレイキングドーン	3着（ホープフルS5着）
20 年	ワーケア	2着（ホープフルS3着）
21 年	タイトルホルダー	1着（ホープフルS4着）
	ダノンザキッド	3着（ホープフルS1着）
22 年	ボーンディスウェイ	3着（ホープフルS5着）
23 年	トップナイフ	2着（ホープフルS2着）

ATTENTION

ハーツクライ産駒自身か、その隣馬が連対中
23 年は隣馬同士でワンツー、馬連 680 円

21 年	タイセイドリーマー	隣馬シュネルマイスター2着
22 年	ドウデュース	自身2着
		隣馬ボーンディスウェイ3着
23 年	フォトンブルー	隣馬タスティエーラ1着
		隣馬トップナイフ2着

※ 17 年から継続中。

ATTENTION

戸崎圭太騎手の隣枠が３着以内
23 年は３番人気タスティエーラが優勝

15 年	隣枠ブライトエンブレム	2着
16 年	隣枠リオンディーズ	2着
17 年	隣枠カデナ	1着
18 年	隣枠ジャンダルム	3着
22 年	隣枠アスクビクターモア	1着
23 年	隣枠タスティエーラ	1着

※ 19 ～ 21 年は同騎手の騎乗ナシ。

ATTENTION

２番人気馬自身か、その隣馬が３着以内
22 年は隣馬のアスクビクターモアが優勝

20 年	サトノフラッグ	自身1着
21 年	シュネルマイスター	自身2着
22 年	インダストリア	隣馬1着
23 年	ワンダイレクト	自身3着

※ 16 年から継続中。

GIII 中山牝馬S

当たり馬番は連動する!

2024年2回中山　芝1800m（4歳上牝馬）

正逆　2番7番

シンザン記念	中山牝馬S	
2019年【正2番】1着	→ 2020年【逆2番】リュヌルージュ	2着
2020年【正6番】2着	→ 2021年【逆6番】ロザムール	2着
2021年【正3番】2着	→ 2022年【逆3番】アブレイズ	2着
2022年【正3番】2着	→ 2023年【逆3番】ストーリア	2着
2023年【正2番】1着 【正7番】2着	➡ 2024年【正逆2番、7番】	

枠	馬番	馬名	父	母	毛色・斤量・性齢	騎手	厩舎	賞金	総賞金	馬主	生産者
白1	1	コトブキテティス	ハービンジャー(輸)	エヴァ2勝(マ)	黒鹿 52 牝6	(替)武藤	(美)田島俊	2400	6517	尾上松壽	(ひ)斉藤S
黒2	2	クロスマジェスティ	ディーマジェスティ(中)	テンザンコノハナ4勝(中)	鹿 51 牝4	(替)柴田善	(美)水野	1600	3074	辻高史	(ひ)藤原牧場
赤3	3	リノキアナ	エピファネイア(輸)	カスタラナ愛(中)	鹿 50 牝6	(替)原	(栗)谷	1500	5940	松岡雅昭	(日)アイズS
赤3	4	アートハウス	スクリーンヒーロー(長)	パールコード2勝(中)	栗 57 牝4	川田	(栗)中内田	6100	12,800	シェイク・ファ[illegible]	(浦)三嶋牧場
青4	5	(外)サトノセシル	フランケル(マ)	デュープ独(中)	鹿 55 牝7	(替)田辺	(美)堀	3100	10,600	里見治	イギリス
青4	6	シャーレイポピー	ミッキーアイル(マ)	オリエンタルポピー未勝(マ)	鹿 53 牝5	(替)戸崎圭	(栗)石坂公	2400	6770	キャロットF	(安)ノーザンF
黄5	7	エイシンチラー	リアルインパクト(マ)	エーシンサーフィン3勝(中)	鹿 53 牝5	(替)三浦	(美)田中剛	2400	7200	栄進堂	(浦)栄進牧場
黄5	8	スルーセブンシーズ	ドリームジャーニー(中)	マイティースルー4勝(中)	鹿 54 牝5	(替)ルメール	(美)尾関	2500	6330	キャロットF	(安)ノーザンF
緑6	9	クリノプレミアム	オルフェーヴル(輸)	ダンシングクイーン1勝(中)	栗 55.5 牝6	Mデムーロ	(美)伊藤伸	5950	14,966	栗本博晴	(浦)吉田F
緑6	10	ラルナブリラーレ	ハーツクライ(輸)	シルヴァーカップ愛(中)	鹿 54 牝6	(替)菅原明	(栗)石坂公	2400	7795	社台RH	(千)社台F
橙7	11	スライリー	オルフェーヴル(輸)	ビジョナリー未勝(マ)	鹿 53 牝5	(替)津村	(美)相沢	1950	5380	ヒダカBU	(日)白井牧場
橙7	12	ストーリア	リオンディーズ(マ)	フェリス未勝(中)	鹿 52 牝4	(替)横山武	(栗)杉山晴	1500	4390	ロードHC	(浦)宮内牧場
桃8	13	イリマ	キズナ(輸)	ヴェントス1勝(マ)	鹿 50 牝5	(替)木幡巧	(栗)高橋亮	1500	3922	前田幸治	(新)ノースヒルズ
桃8	14	ウインピクシス	ゴールドシップ(輸)	コスモアクセス4勝	芦 53 牝4	松岡	(美)上原博	2400	5720	ウイン	(新)コスモヴューF

2023年 中山牝馬S			
1着⑧スルーセブンシーズ	（2番人気）	馬連 2150円
2着⑫ストーリア	（6番人気）	3連複 5920円
3着⑤サトノセシル	（5番人気）	3連単 25320円

注目サイン！

ATTENTION C・ルメール騎手の＋４隣馬が３着以内
アタマはナシの傾向、23 年は６番人気ストーリアが２着

17 年	＋4馬クインズミラーグロ	3着
20 年	＋4馬リュヌルージュ	2着
21 年	＋4馬フェアリーポルカ	3着
23 年	＋4馬ストーリア	2着

※ 18、19 年は同騎手の騎乗ナシ。

ATTENTION ６番人気馬自身か、その隣馬が３着以内
23 年はここでも２着のストーリアを指名

18 年	カワキタエンカ	自身1着
19 年	ランドネ	隣馬フロンテアクイーン1着
20 年	フィリアプーラ	隣馬フェアリーポルカ1着
21 年	フェアリーポルカ	自身3着
22 年	ドナアトラエンテ	隣馬ミスニューヨーク3着
23 年	ストーリア	自身2着

ATTENTION 戸崎圭太騎手の隣枠が３着以内
23 年優勝のスルーセブンシーズは後に宝塚記念２着激走！

17 年	隣枠クインズミラーグロ	3着
18 年	隣枠カワキタエンカ	1着
19 年	隣枠アッフィラート	3着
21 年	隣枠ロザムール	2着
22 年	隣枠クリノプレミアム	1着
23 年	隣枠スルーセブンシーズ	1着

※ 20 年は同騎手の騎乗ナシ。

ATTENTION 三浦皇成騎手自身か、その隣馬が連対中
22 年は隣馬同士でワンツー、馬連 10 万馬券！

15 年	アイスフォーリス	自身2着
18 年	エンジェルフェイス	隣馬フロンテアクイーン2着
19 年	フロンテアクイーン	自身1着
22 年	フェアリーポルカ	隣馬クリノプレミアム1着 隣馬アブレイズ2着
23 年	エイシンチラー	隣馬スルーセブンシーズ1着

※ 16、17、20、21 年は同騎手の騎乗ナシ。

GⅡ フィリーズレビュー

当たり馬番は連動する!

2024年1回阪神　芝1400m（3歳牝馬）

正逆　6番 9番

エルムS			フィリーズレビュー		
2018年【逆7番】	1着	→	2020年【正7番】	ヤマカツマーメイド	2着
2019年【逆11番】	1着	→	2021年【逆11番】	ヨカヨカ	2着
2020年【逆2番】	1着	→	2022年【正2番】	ナムラクレア	2着
2021年【正4番】	1着	→	2023年【逆4番】	ムーンプローブ	2着
2022年【正9番】	1着	➡	2024年	【正逆6番、9番】	
【逆6番】	1着				

馬番	枠	父	馬名	母	毛色・斤量・性齢	騎手	調教師	賞金	総賞金	馬主	生産者
18	桃8	エピファネイア	ランフリーバンクス	ワイルドラズベリー 3勝	鹿 54 牝3	武豊	武幸	400	800	藤田晋	ノーザンF
17	桃8	シャンハイボビー	プウスカンドゥール	トレノトマト 3勝	黒鹿 54 牝3	角田河	坂口智	400	700	廣崎双葉	藤原牧場
16	桃8	ダンカーク	マルモリティライト	ロイヤルヴィラ 公	芦 54 牝3	国分優	石橋	400	775	山下繁美	村中牧場
15	橙7	モーリス	ムーンプローブ	スマイリングムーン 4勝	鹿 54 牝3	北村友	上村	900	1620	吉田晴哉	追分F
14	橙7	ドレフォン	サラサハウプリティ	ハヤブサエミネンス 2勝	栗 54 牝3	菱田	岡田	400	1400	横井良明	グランド牧場
13	橙7	ビッグアーサー	プトンドール	プリンセスロック 3勝	鹿 54 牝3	鮫島駿	池添学	2600	5000	雅苑興業	ノーザンF
12	緑6	ドゥラメンテ	シングザットソング	ザガールインザットソング 米	黒鹿 54 牝3	吉田隼	高野	400	1303	社台RH	白老F
11	緑6	ダイワメジャー	ルーフ	ラスエモーショネス 1勝	鹿 54 牝3	藤岡康	清水久	900	1900	白日光	坂本智広
10	黄5	グレーターロンドン	トラベログ	フィリス 1勝	栗 54 牝3	北村宏	岩戸	900	1770	下河辺牧場	下河辺牧場
9	黄5	ジャスタウェイ	ジューンオレンジ	アドマイヤサブリナ 3勝	芦 54 牝3	富田	長谷川	400	919	吉川潤	ヒダカF
8	青4	シャックルフォード	(外)エコロアイ	キーイズトゥウィン 米	鹿 54 牝3	池添	森秀	680	1560	原村正紀	アメリカ
7	青4	キタサンブラック	ポリーフォリア	メンデイド 米	鹿 54 牝3	藤岡佑	鈴木伸	900	1300	吉田照哉	社台F
6	赤3	キンシャサノキセキ	リバーラ	インドリヤ 米	鹿 54 牝3	石橋脩	高柳瑞	2000	3600	荒井泰樹	シンボリ牧場
5	赤3	マクフィ	トウシンカーリン	トウシンハンター 1勝	鹿 54 牝3	川須	杉山晴	* 400	700	サトー	千代田牧場
4	黒2	カレンブラックヒル	(地)ジョリダム	マイダイナマイト 2勝	栗 54 牝3	松田	武英	820	2285	桑田牧場	桑田牧場
3	黒2	リアルスティール	ニシノトキメキ	レッドアシェット 未勝	鹿 54 牝3	今村	北出	400	970	西山茂行	田上徹
2	白1	モーリス	イコノスタシス	パストフォリア 4勝	黒鹿 54 牝3	古川吉	古賀慎	400	892	サンデーR	ノーザンF
1	白1	キズナ	イティネラートル	ジプシーハイウェイ 愛	鹿 54 牝3	斎藤	長谷川	900	1730	社台RH	社台F

2023年	1着⑫シングザットソング	（2番人気）	馬連 3190円
フィリーズ	2着⑮ムーンプローブ	（7番人気）	3連複 24760円
レビュー	3着⑨ジューンオレンジ	（11番人気）	3連単 103380円

注目サイン！

ATTEN TION

前走阪神ＪＦ出走馬自身か、その隣馬が３着以内
23 年は７番人気ムーンプローブ２着、馬連 3190 円

16 年	アットザシーサイド	自身2着
17 年	ゴールドケープ	自身3着
18 年	ナディア	隣馬リバティハイツ1着
19 年	ラブミーファイン	隣馬ノーワン1着
20 年	ヤマカツマーメイド	自身2着
21 年	シゲルピンクルビー	自身1着
22 年	ナムラクレア	自身2着
23 年	ムーンプローブ	自身2着

※ 19 年はノーワン、プールヴィルが１着同着。

ATTEN TION

国分優作騎手の隣枠が３着以内
21 年は 11 番人気ミニーアイル３着、３連単 10 万馬券！

15 年	隣枠ペルフィカ	2着
16 年	隣枠ソルヴェイグ	1着
17 年	隣枠レーヌミノル	2着
21 年	隣枠ミニーアイル	3着
23 年	隣枠ムーンプローブ	2着

※ 18 ～ 20､22 年は同騎手の騎乗ナシ。他に「前走５着馬自身か､その隣馬が３着以内」も継続中。

ATTEN TION

過去 10 年で９回、２番人気馬が３着以内
19 年に一旦途切れているので参考までに

14 年	ベルカント	1着
15 年	ムーンエクスプレス	3着
16 年	キャンディバローズ	3着
17 年	カラクレナイ	1着
18 年	アンコールブリュ	2着
19 年	×	
20 年	ヤマカツマーメイド	2着
21 年	ヨカヨカ	2着
22 年	サブライムアンセム	1着
23 年	シングザットソング	1着

GII 金鯱賞

当たり馬番は連動する!

2024年２回中京　芝2000m(４歳上)

正逆　4番9番

AJCC			金鯱賞		
2019年【正8番】	1着	→	2020年【正8番】	サトノソルタス	2着
2020年【正10番】	2着	→	2021年【逆10番】	デアリングタクト	2着
2021年【正4番】	2着	→	2022年【逆4番】	レイパパレ	2着
2022年【正1番】	1着	→	2023年【逆1番】	プログノーシス	1着
2023年【正4番】	1着	→	2024年【正逆4番、9番】		
【正9番】	2着				

枠	桃8	桃8	橙7	橙7	緑6	緑6	黄5	黄5	青4	赤3	黒2	白1
馬番	12	11	10	9	8	7	6	5				
父	ディープインパクト	イスラボニータ	ブラックタイド	ディープインパクト	オルフェーヴル	キングカメハメハ	キングカメハメハ	ルーラーシップ	ディープインパクト	キングカメハメハ	クロフネ	キングカメハメハ
馬名	プログノーシス	ヤマニンサルバム	フェーングロッテン	ポタジェ	バイオスパーク	グランオフィシエ	ルビーカサブランカ	ワンダフルタウン	ディープモンスター	ハヤヤッコ	マリアエレーナ	アラタ
母	ヴェルダ英	ヤマニンエマイユ6勝	ピクシーホロウ3勝	ジンジャーパンチ米	ナナヨーティアラ3勝	マーブルカテドラル3勝	ムードインディゴ3勝	シーオブラブ未勝	シスタリーラヴ米	マシュマロ2勝	テンダリーヴォイス2勝	サンシャイン3勝
毛色・斤量・性齢	鹿57牡5	黒鹿57牡4	鹿57牡4	鹿59牡6	黒鹿57牡8	鹿57牡5	栗55牝6	鹿57牡5	青鹿57牡5	白57牡7	芦55牝5	鹿57牡6
騎手	川田	浜中	松若	岩田望	森泰	坂井	西村淳	和田竜	団野	幸	松山	横山典
調教師	中内田	中村	宮本	友道	浜田	久保田	須貝尚	高橋忠	池江寿	国枝	吉田	和田勇
	2400	2400	3600	14,600	4450	2400	5150	4700	3300	7650	6350	3600
	7210	7958	9350	35,800	15,685	7444	15,351	9920	9930	19,850	15,217	11,450
馬主	社台RH	土井肇	サンデーR	金子真人HD	宮田直也	社台RH	金子真人HD	三田昌宏	DMMドリームAC	金子真人HD	金子真人HD	村田能光
生産者	社台F	錦岡牧場	ノーザンF	ノーザンF	小島牧場	社台F	ノーザンF	ノーザンF	矢野牧場	ノーザンF	日高大洋牧場	社台F

2023年
金鯱賞

1着⑫プログノーシス（1番人気）　馬連 1250円
2着⑩フェーングロッテン（3番人気）　3連複 4420円
3着①アラタ（6番人気）　3連単 14340円

注目サイン！

ATTENTION 幸英明騎手の9隣馬が連対中
今のところ、オール2着

18年　±9馬サトノノブレス　2着
19年　＋9馬リスグラシュー　2着
22年　－9馬レイパパレ　2着
23年　＋9馬フェーングロッテン　2着
※15年から継続中。16、17、20、21年は同騎手の騎乗ナシ。

ATTENTION 前走二ケタ着順馬の隣馬が3着以内
18年は8番人気サトノノブレス2着、馬連5860円！

18年　ブレスジャーニー　隣馬サトノノブレス　2着
20年　ギベオン　隣馬ダノンプレミアム　1着
21年　サトノフラッグ　隣馬ポタジェ　3着
22年　シャドウディーヴァ　隣馬アカイイト　3着
23年　ポタジェ　隣馬フェーングロッテン　2着
※16年から継続中。19年は同騎手の騎乗ナシ。

ATTENTION 1番人気馬が3着以内
23年はプログノーシスが鮮やか差し切り！

19年　エアウィンザー　3着
20年　サートゥルナーリア　1着
21年　デアリングタクト　2着
22年　ジャックドール　1着
23年　プログノーシス　1着
※17年から継続中。

ATTENTION 前走4着馬自身か、その隣馬が連対中
21年はビリ人気のギベオン逃げ切り、単勝2万馬券！

16年　パドルウィール　自身2着
17年　ヤマカツエース　自身1着
18年　スワーヴリチャード　自身1着
21年　ジナンボー　隣馬ギベオン1着
22年　ソフトフルート　隣馬ジャックドール1着
23年　プログノーシス　自身1着
※19、20年は該当馬の出走ナシ。

GⅢ フラワーC

当たり馬番は連動する!

2024年２回中山　芝1800m(３歳牝馬)

正逆 7番 12番

ダービー			フラワーC	
2019 年【正1番】	1着	→ 2020 年【逆1番】	レッドルレーヴ	2着
2020 年【逆 14 番】	1着	→ 2021 年【逆 14 番】	ホウオウイクセル	1着
2021 年【逆8番】	1着	→ 2022 年【逆8番】	ニシノラブウインク	2着
2022 年【正 13 番】	1着	→ 2023 年【逆 13 番】	エミュー	1着
2023 年【正 12 番】	1着	➡ 2024 年	【正逆7番、12 番】	
【逆7番】	1着			

馬番	枠	父	馬名	母	毛色・斤量・性齢	騎手	調教師			馬主	生産者
16	桃8	キタサンブラック	ヒップホップソウル	ダンスファンタジア 3勝	鹿 54 牝3	津村	木村	400	1110	社台RH	社台F
15	桃8	エピファネイア	ココクレーター	ブルメリアスター 3勝	青鹿 54 牝3	ルメール	木村	400	830	キャロットF	ノーザンF
14	橙7	ドゥラメンテ	エメリヨン	レディフォグホーン 米	栗 54 牝3	横山和	加藤士	400	700	社台RH	社台F
13	橙7	サトノクラウン	ニシノコウフク	ニシノマメフク 未勝	黒鹿 54 牝3	田辺	伊藤大	400	1503	西山茂行	中山高鹿康
12	緑6	ゴールドシップ	ゴールデンハインド	オレゴンレディ 愛	芦 54 牝3	丹内	武市	400	1920	ラフィアン	ビッグレッドF
11	緑6	ミッキーロケット	フラッシングレート	スピードリッパー 1勝	鹿 54 牝3	石橋脩	音無	400	1207	吉田勝己	ノーザンF
10	黄5	トビーズコーナー	クリニクラウン	ルナフォース 公	栗 54 牝3	原	小手川	400	620	新木鈴子	ヒダカF
9	黄5	ディープブリランテ	セリオーソ	エバーグレーズ 1勝	鹿 54 牝3	三浦	高柳瑞	400	700	Viridian KC	清水牧場
8	青4	ルーラーシップ	マテンロウアルテ	スキーホリデー 米	黒鹿 54 牝3	横山典	坂口智	400	950	寺田千代乃	下河辺牧場
7	青4	イスラボニータ	ミカッテヨンデイイ	ボルティモア 未勝	黒鹿 54 牝3	松岡	堀内	600	1910	ニューマレコード	社台F
6	赤3	ガンランナー	パルクリチュード	グローバルビューティ 亜	栗 54 牝3	西村淳	松永幹	400	1000	キャロットF	ノーザンF
5	赤3	サトノダイヤモンド	ディヴァージオン	スコアズビー 未勝	鹿 54 牝3	内田博	藤岡健	400	700	幅田昌伸	猿倉牧場
4	黒2	ハービンジャー	エミュー	スーリール 1勝	鹿 54 牝3	Mデムーロ	和田郎	900	1752	ノースヒルズ	ノースヒルズ
3	黒2	ノヴェリスト	マルカシャルマン	ナチュラルスタンス 公	鹿 54 牝3	石川	浜田	400	700	日下部猛	社台F
2	白1	キタサンブラック	パルティキュリエ	エクセレンスII 仏	鹿 54 牝3	横山武	田中博	400	800	サンデーR	ノーザンF
1	白1	エピファネイア	ドナウパール	ドナウブルー 5勝	鹿 54 牝3	戸崎圭	斉藤崇	400	660	サンデーR	ノーザンF

2023 年 フラワーC			
	1着④エミュー	(2番人気)	馬連 4980 円
	2着⑯ヒップホップソウル	(8番人気)	3連複 12100 円
	3着⑥パルクリチャード	(3番人気)	3連単 79490 円

注目サイン！

ATTENTION

前走⑤番ゲート馬自身か、隣馬が３着以内
22年は１番人気スタニングローズが堂々の優勝

19年	ルタンブル	隣馬ランブリングアレー３着
20年	アブレイズ	自身1着
21年	グローリアスサルム	隣馬エンスージアズム ２着
22年	スタニングローズ	自身1着
23年	ヒップホップソウル	自身2着

ATTENTION

田辺裕信騎手の35隣馬が連対中
24年も騎乗してほしい！

14年	－35馬バウンスシャッセ	1着
17年	－35馬シーズララバイ	2着
20年	－35馬アブレイズ	1着
23年	＋35馬ヒップホップソウル	2着

※12年から継続中。13、15、16、18、19、21、22年は同騎手の騎乗ナシ。

ATTENTION

１番人気か２番人気馬が３着以内
もう９年継続のロングラン・セオリー

15年	1番人気アルビアーノ	1着
16年	1番人気エンジェルフェイス	1着
17年	1番人気ファンディーナ	1着
18年	2番人気カンタービレ	1着
19年	2番人気コントラチェック	1着
20年	1番人気シーズンズギフト	3着
21年	2番人気エンスージアズム	2着
22年	2番人気スタニングローズ	1着
23年	2番人気エミュー	1着

ATTENTION

正逆212番が３着以内
23年優勝のエミューが該当

20年	逆212番カンタービレ	1着
21年	逆212番ユーバーレーベン	3着
22年	逆212番ニシノラブウインク	2着
23年	正212番エミュー	1着

※18年から継続中。

GII ファルコンS

2024年2回中京　芝1400m（3歳）

当たり馬番は連動する!

正逆　5番7番

弥生賞	ファルコンS
2019 年【逆6番】2着	→ 2020 年【正6番】シャインガーネット　1着
2020 年【逆4番】2着	→ 2021 年【正4番】グレナディアガーズ　2着
2021 年【逆1番】2着	→ 2022 年【正1番】プルパレイ　1着
2022 年【逆2番】1着	→ 2023 年【正2番】カルロヴェローチェ　2着
2023 年【逆5番】1着 【逆7番】2着	➡ 2024 年【正逆5番、7番】

1	白1	テラステラ	モーリス	ステラリード2勝	鹿 56 牡3	坂井	矢作	900	1860	広尾レース	木村秀則
2	黒2	カルロヴェローチェ	シルバーステート	スサーナトウショウ未勝	鹿 56 牡3	替武豊	須貝尚	900	1770	大野照旺	ノーザンF
3	赤3	ウメムスビ	ファインニードル	ヴィオレッタ未勝	黒鹿 56 牡3	角田河	新谷	1000	2640	紀州ほそ川飼料	奥山牧場
4	赤3	サウザンサニー	タリスマニック	メイハンコック未勝	鹿 56 牡3	替松若	岩戸	400	550	千明牧場	千明牧場
5	青4	バグラダス	マジェスティックウォリアー	メジェルダ1勝	鹿 56 牡3	替菅原明	嘉藤	900	2620	村田牧場	村田牧場
6	青4	タマモブラックタイ	デクラレーションオブウォー	タマモイヤリング2勝	鹿 56 牡3	幸	角田	*900	2303	タマモ	対馬正
7	黄5	スーパーアグリ	リオンディーズ	クラシッククリディア1勝	黒鹿 56 牡3	替荻野極	矢作	400	1200	三木正浩	ノーザンF
8	黄5	(外)ペースセッティング	ショウケイシング	ジェットセッティング愛	鹿 56 牡3	替岩田康	安田隆	1200	3380	シルクR	イギリス
9	緑6	アームズレイン	コパノリッキー	アームズトウショウ2勝	鹿 56 牡3	替北村友	上村	900	1830	杉山忠国	明治牧場
10	緑6	ミルトクレイモー	バゴ	ウートゥルメール未勝	鹿 56 牡3	替鮫島駿	中村	900	2640	永山勝敏	大北牧場
11	橙7	メリオルヴィータ	ダイワメジャー	メリオーラ愛	栗 54 牝3	替岩田望	池上和	400	890	G1レーシング	追分F
12	橙7	サトノグレイト	ダイワメジャー	ノヴァホーク英	鹿 56 牡3	替角田和	中竹	400	970	里見治	社台F
13	桃8	スプレモフレイバー	ダイワメジャー	キャレモンショコラ4勝	鹿 56 牡3	替菱田	久保田	400	2233	尾田信夫	ノーザンF
14	桃8	ハチメンロッピ	キンシャサノキセキ	メイショウユウゼン未出	鹿 56 牡3	替丸山	矢野英	900	1580	ターフS	中島牧場

2023 年	1着⑥タマモブラックタイ　（8番人気）	馬連 3540 円
ファルコン	2着②カルロヴェローチェ（1番人気）	3連複 138870 円
S	3着④サウザンサニー　（14 番人気）	3連単 832950 円

注目サイン！

ATTENTION

武豊騎手の 32 隣馬が連対中
23 年は８番人気タマモブラックタイが優勝、単勝 2720 円！

18 年　± 32 馬アサクサゲンキ　2着
20 年　＋ 32 馬シャインガーネット　1着
22 年　－ 32 馬タイセイディバイン　2着
23 年　＋ 32 馬タマモブラックタイ　1着
※ 19、21 年は同騎手の騎乗ナシ。

ATTENTION

前走１着馬自身か、その隣馬が３着以内
ここでも 23 年の優勝馬タマモブラックタイを指名

19 年　グルーヴィット　自身2着
20 年　ラウダシオン　自身2着
21 年　グレナディアガーズ　自身2着
22 年　レディバランタイン　隣馬オタルエバー3着
23 年　タマモブラックタイ　自身1着
※ 16 年から継続中。

ATTENTION

戸崎圭太騎手の 49 隣馬が３着以内
22 年は 13 番人気タイセイディバイン２着、馬連万馬券！

17 年　＋ 49 馬ボンセルヴィーソ　2着
18 年　＋ 49 馬ミスターメロディ　1着
　　　　－ 49 馬フロンティア　3着
21 年　＋ 49 馬ルークズネスト　1着
22 年　＋ 49 馬タイセイディパイン　2着
※ 19、20、23 年は同騎手の騎乗ナシ。

ATTENTION

前年２着枠の２隣枠が連対中
24 年は４、８枠の馬をマークせよ！

19 年2着7枠　→　20 年5枠2着
20 年2着5枠　→　21 年3枠2着
21 年2着3枠　→　22 年1枠1着
22 年2着2枠　→　23 年4枠1着
23 年2着2枠　→　24 年4枠、8枠が候補

GⅡ スプリングS

2024年2回中山　芝1800m（3歳）

当たり馬番は連動する！

正逆 4番7番

アンタレスS			スプリングS			
2019 年	【逆8番】	1着	→ 2020 年	【逆8番】	ヴェルトライゼンデ	2着
2020 年	【逆6番】	2着	→ 2021 年	【正6番】	アサマノイタズラ	2着
2021 年	【逆 13 番】	1着	→ 2022 年	【逆 13 番】	ビーアストニッシド	1着
2022 年	【逆4番】	2着	→ 2023 年	【正4番】	ベラジオオペラ	1着
2023 年	【逆4番】	1着	➡ 2024 年	【正逆4番、7番】		
	【逆7番】	2着				

枠	馬番	父	馬名	母	毛色 斤量 性齢	騎手	調教師	賞金	総賞金	馬主	生産者
白1	1	ダノンバラード	グラニット	インディワタナ 1勝	鹿 56 牡3	嶋田	大和田	1000	2000	ミルF	猿橋義昭
白1	2	シルバーステート	メタルスピード	マイビビアーヌ 未勝	黒鹿 56 牡3	替 津村	斎藤誠	900	1778	[illegible]	タバタF
黒2	3	リアルインパクト	アヴェッツリーノ	アメリデラックス 公	栗 56 牡3	木幡巧	的場	400	1056	八嶋長久	マルゼン[illegible]
黒2	4	ロードカナロア	ベラジオオペラ	エアルーティーン 1勝	鹿 56 牡3	横山武	上村	900	1770	林田祥来	社台F
赤3	5	ロゴタイプ	ウィステリアリヴァ	クルールヴィオラ 未勝	鹿 56 牡3	吉田豊	小野次	400	612	ウエストフォレストS	藤川F
赤3	6	ミッキーロケット	ジョウショーホープ	スターフォーユー 未勝	鹿 56 牡3	替 石川	新谷	900	2600	熊田義孝	福岡駿弥
青4	7	ドレフォン	ドンデンガエシ	トゥザハピネス 未出	鹿 56 牡3	替 北村宏	尾関	900	1660	岩切企画	ノーザンF
青4	8	スクリーンヒーロー	シルトホルン	シンメイミヤビ 未勝	黒鹿 56 牡3	替 菅原明	新開	400	1160	ディアレストC	飛渡牧場
黄5	9	モーリス	アイスグリーン	グリューネワルト 2勝	青鹿 56 牡3	替 西村淳	池添学	900	1970	シルクR	ノーザンF
黄5	10	マインドユアビスケッツ	ホウオウビスケッツ	ホウオウサブリナ 未出	鹿 56 牡3	横山和	奥村武	900	1770	小笹芳央	岡田S
緑6	11	リアルスティール	オールパルフェ	クイーングラス 2勝	鹿 56 牡3	大野	和田雄	2300	4600	遠藤良一	カタオカF
緑6	12	ビーチパトロール	シーウィザード	メリーウェザー 未勝	鹿 56 牡3	替 柴田善	鹿戸雄	1000	3080	岡田牧雄	シンボリ牧場
橙7	13	マクマホン	トーセンアウローラ	トーセンシャイニー 未勝	栗 56 牡3	丹内	尾形和	400	1050	島川隆哉	エスティF
橙7	14	ヴィクトワールピサ	パクスオトマニカ	ディーブラヴ 未勝	鹿 56 牡3	替 田辺	久保田	900	1870	窪田芳郎	ノーザンF
桃8	15	ジャスタウェイ	セブンマジシャン	ハピネスダンサー 5勝	鹿 56 牡3	替 戸崎圭	高野	900	2730	前追義幸	ノーザンF
桃8	16	デクラレーションオブウォー	ハウゼ	ハワイアンローズ 公	鹿 56 牡3	替 岩田康	田中博	900	1868	CHEVALATTACHE	辻牧場

2023 年	1着④ベラジオオペラ	（2番人気）	馬連 1170 円
スプリング	2着⑩ホウオウビスケッツ	（3番人気）	3連複 5760 円
S	3着②メタルスピード	（8番人気）	3連単 18150 円

注目サイン！

ATTEN TION

馬名頭文字が「ア」馬自身か、その隣馬が3着以内
23年優勝のベラジオオペラが該当

17年	アウトライアーズ	自身2着
		隣馬プラチナヴォイス3着
20年	アオイクレアトール	隣馬ガロアクリーク1着
		隣馬サクセッション3着
21年	アサマノイタズラ	自身2着
22年	アライバル	自身2着
23年	アヴェッリーノ	隣馬ベラジオオペラ1着

※14年から継続中。18、19年は該当馬の出走ナシ。

ATTEN TION

大野拓弥騎手の15隣馬が3着以内
22年は6番人気サトノヘリオスが3着健闘

17年	＋15馬ウインブライト	1着
18年	＋15馬ステルヴィオ	1着
19年	＋15馬ディキシーナイト	3着
22年	－15馬サトノヘリオス	3着
23年	＋15馬ホウオウビスケッツ	2着

※20、21年は同騎手の騎乗ナシ。

ATTEN TION

津村秀明騎手の2隣馬が連対中
18年は後の皐月賞馬エポカドーロが2着

13年	－2馬タマモベストプレイ	2着
15年	＋2馬リアルスティール	2着
18年	＋2馬エポカドーロ	2着
23年	＋2馬ベラジオオペラ	1着

※09年から継続中。14、16、17、19～22年は同騎手の騎乗ナシ。

ATTEN TION

前走④番ゲート馬の隣馬が3着以内
19年は10番人気エメラルファイト優勝、単勝2710円！

18年	ハッピーグリン	隣馬エポカドーロ	2着
19年	ヒシイグアス	隣馬エメラルファイト	1着
21年	イルーシヴパンサー	隣馬ボーデン	3着
22年	グランドライン	隣馬サトノヘリオス	3着
23年	ウィステリアリヴァ	隣馬ベラジオオペラ	1着

※20年は該当馬の出走ナシ。

GII 阪神大賞典

当たり馬番は連動する!

2024年1回阪神　芝3000m（4歳上）

正逆 2番 7番

シンザン記念		阪神大賞典
2019年【正1番】2着	→	2020年【逆1番】ユーキャンスマイル　1着
2020年【正6番】2着	→	2021年【正6番】ディープボンド　1着
2021年【正3番】2着	→	2022年【逆3番】ディープボンド　1着
2022年【正3番】2着	→	2023年【正3番】ジャスティンパレス　1着
2023年【正2番】1着 【正7番】2着	➡	2024年【正逆2番、7番】

枠	馬番	父	馬名	母（母の成績）	毛色・斤量・性齢	騎手	調教師	賞金	総賞金	馬主	生産者
白1	1	スクリーンヒーロー(長)	ボルドグフーシュ	ボルドグザグ 仏(マ)	栗 56 牡4	川田	宮本	12,500	28,040	社台RH	社台F
黒2	2	キングカメハメハ(欧)	ユーキャンスマイル	ムードインディゴ 3勝(中)	鹿 57 牡8	石橋脩	友道	11,150	37,370	金子真人HD	ノーザンF
赤3	3	ディープインパクト(欧)	ジャスティンパレス	パレスルーマー 米(マ)	青鹿 57 牡4	ルメール	杉山晴	5000	13,710	三木正浩	ノーザンF
赤3	4	ジャングルポケット(欧)	サンレイポケット	アドマイヤパンチ 未勝(マ)	黒鹿 57 牡8	坂井	高橋忠	4450	25,930	永井啓弍	株式共栄牧場
青4	5	ディープインパクト(欧)	メイショウテンゲン	メイショウベルーガ 7勝(長)	芦 57 牡7	浜中	松永昌	3900	12,620	松本好雄	三嶋牧場
青4	6	ジャスタウェイ(中)	地 ノーチカルチャート	ヘヴンリークルーズ 4勝(マ)	青鹿 57 牡7	丸野勝	(名古)角田輝	1660	5012	会田裕一	社台F
黄5	7	ノヴェリスト(欧)	ブレークアップ	リトルジュン 未勝(中)	栗 58 牡5	松山	吉岡	5250	12,390	阿部東亜子	谷川牧場
黄5	8	オルフェーヴル(欧)	アイアンバローズ	パレスルーマー 米(マ)	鹿 57 牡6	岩田望	上村	5000	15,060	猪熊広次	ノーザンF
緑6	9	ディープインパクト(欧)	ゼーゲン	ソベラニア 独(中)	青鹿 57 牡8	武豊	堀	2400	5700	G1レーシング	白老F
緑6	10	オルフェーヴル(欧)	メロディーレーン	メーヴェ 5勝(長)	鹿 55 牝7	今村	森田	2400	7930	岡田牧雄	岡田S
橙7	11	ステイゴールド(欧)	アフリカンゴールド	ブリクセン 米(中)	栗 57 騸8	国分恭	西園正	6300	16,775	ゴドルフィン	ダーレージャパンF
橙7	12	キングカメハメハ(欧)	シロニイ	シラユキヒメ 未勝(中)	白 57 牡9	酒井	池江寿	1350	12,210	金子真人HD	ノーザンF
桃8	13	キズナ(欧)	ディープボンド	ゼフィランサス 3勝(中)	青鹿 58 牡6	和田竜	大久保龍	23,200	54,426	前田晋二	村田牧場
桃8	14	トーセンラー(中)	アケルナルスター	パリージョ 公(長)	青鹿 56 牡4	横山琉	清水英	1500	4130	永見貴昭	岡田S

2023年 阪神大賞典		
1着③ジャスティンパレス	（2番人気）	馬連 230円
2着①ボルドグフーシュ	（1番人気）	3連複 1360円
3着⑦ブレークアップ	（5番人気）	3連単 3860円

注目サイン！

ATTENTION 松籟Ｓの最先着馬の８隣馬が３着以内
23年はワンツーで馬連230円

20年　－8馬メイショウテンゲン　3着
21年　－8馬ディープボンド　1着
22年　－8馬アイアンバローズ　2着
23年　＋8馬ジャスティンパレス　1着
　　　－8馬ボルドグフーシュ　2着

ATTENTION 馬名末尾「ト」馬の隣馬が３着以内
23年は２番人気ジャスティンパレスが優勝

18年　ムイトオブリガード　隣馬クリンチャー　3着
19年　コルコバード　隣馬シャケトラ　1着
20年　ムイトオブリガード　隣馬トーセンカンビーナ　2着
21年　ディープボンド　隣馬ナムラドノヴァン　3着
22年　マンオブスピリット　隣馬ディープボンド　1着
23年　サンレイポケット　隣馬ジャスティンパレス　1着
※「ド」も対象。

ATTENTION １番人気馬自身か、その＋１隣馬が３着以内
18年以外は２頭のうち、どちらかが連対

18年　自身レインボーライン3着
19年　自身シャケトラ1着
20年　＋1隣馬ユーキャンスマイル1着
21年　＋1隣馬ユーキャンスマイル2着
22年　自身ディープボンド1着
23年　自身ボルドグフーシュ2着
※11年から継続中。

ATTENTION 武豊騎手の隣枠が３着以内
23年は５番人気ブレークアップが３着

17年　隣枠サトノダイヤモンド　1着
18年　隣枠レインボーライン　1着
20年　隣枠ユーキャンスマイル　1着
23年　隣枠ブレークアップ　3着
※13年から継続中。19、21、22年は同騎手の騎乗ナシ。3着は23年のみで、あとはいずれも1着。

★伊藤雨氷(いとう・うひょ)

本名／伊藤一樹（いとうかずき）。名古屋市在住。昭和40年（1965年）生まれ。

平成5年（1993年）のオークスの日、悪友に無理やりウインズ名古屋に連れて行かれたのが競馬との出会い。当初は教えられた通りに正統派予想で戦っていたが、あるときから上位人気馬が平然と消えていく日常に疑問を感じ、サイン読み、裏読みに傾倒していく。

「日本の競馬は数字を駆使したシナリオがあらかじめ決められている」という確信を得て、平成7年（1995年）にリンク理論を確立。

独自開発した解析ソフトを用い、多数の高配当的中実績を持つ。本書を含め52冊の著作がある。

ホームページ

■サイン通信

http://www.signpress.net/

■サイン通信　談話室

http://www2.ezbbs.net/29/niitann/

ネット会員募集中

毎週の旬のサインとデータと参考の買い目を、インターネットで配信します。スマホ、タブレット、パソコンなどネットに接続できる環境が必要です。

ネット会員　8日間22,000円　携帯、スマホ、PCをご用意ください。

ソフト会員　8日間24,200円（割引あり）PCか携帯で閲覧できます。

ＧＩサイン会員（お得）春季、秋季各24,200円（割引あり）

ネット会員の方には、各レースの詳しいサインの解説、最新の旬のサインをお届けします。ソフト会員の方には、自動サイン読みソフトによる買い目の提供です。

会員情報のサンプルは、ホームページ内の説明掲示板に用意してありますので、自由にご覧ください。初心者の方には、ネット会員がお薦めです。

詳しくは、下記までメールでお問い合わせください。

Eメール　itou@proof.ocn.ne.jp

〒451 － 0015　愛知県名古屋市西区香呑町4 － 65 － 203

サイン通信　代表　伊藤一樹

読者プレゼントのお知らせ

旬のサインをプレゼントいたします。ご希望の方は下の応募券を切り取り、サイン通信事務所まで封書（ハガキは不可）でお送りください（誤って出版社に送られても転送できません）。

住所、氏名、電話番号、メールアドレスを楷書で丁寧に大きくお書きください。携帯の方は受信許可設定にしてください。メールがない方は遅くなりますが、郵送でも対応いたします。郵送希望の方は200円分の切手を同封してください。すみませんが、人件費他、高騰のため値上げさせていただきます。

昨今、メールの届かない方、郵便が迷子になる方が増えております。メールか、郵送か、いずれにお申込みの方も、必ず「封筒の外側」に住所、氏名をお書きください。

1枚の応募券で、メールか郵送のどちらかにのみ応募できます。

締め切りは1回目が23年10月30日。2回目が12月18日、3回目が24年1月16日の消印有効です。各回の締め切り後、2週間程度でお送りいたします。

各回内容が異なります。2回分をご希望の方は、2冊分の応募券を、3回ともご希望の方は3冊分の応募券をお送りください。対象レースはこちらで選択いたします。

おまけの発送状況は、サイン通信のホームページでお知らせいたします。

各回の締め切りから2週間を過ぎても返信未着の場合は、速やかにメールか封書でお申し出ください。電話は不可です。

旬のサイン応募券

リンク馬券術

2023 下半期編

（応募券は 2024 年1月 16 日まで有効）

☆データ協力

立山輝	きのぴ
ｓｕｇａｒ	ひで乃助
いいなみ	ロイズ
小圷知明	さる

■2024年上半期対応の「リンク馬券術」は24年3月上旬発売予定です。

●著者紹介

伊藤雨氷（いとう・うひょ）

本名／伊藤一樹（いとう・かずき）。名古屋市在住。昭和40年生まれ。平成5年のオークスの日、悪友に無理やりウインズ名古屋に連れて行かれたのが競馬との出会い。当初は教えられた通りに正統派予想で戦っていたが、あるときから上位人気馬が平然と消えていく日常に疑問を感じ、サイン読み、裏読みに傾倒していく。「日本の競馬は数字を駆使したシナリオがあらかじめ決められている」という確信を得て、平成7年にリンク理論を確立。独自開発した解析ソフトを用い、多数の高配当的中実績を持つ。本書を含め52冊の著作がある。

リンク馬券術サインの真相!

発行日　2023年9月18日　第1版第1刷

著　者　伊藤　雨氷

発行者　斉藤　和邦
発行所　株式会社　秀和システム
〒135－0016
東京都江東区東陽2-4-2　新宮ビル2F
Tel 03-6264-3105（販売）　Fax 03-6264-3094

印刷所　三松堂印刷株式会社　Printed in Japan

ISBN978-4-7980-6791-9 C0075